La relación madre-hija

YVONNE PONCET-BONISSOL

La relación
madre-hija

EDICIONES OBELISCO

Si este libro le ha interesado y desea que le mantengamos informado de nuestras publicaciones, escríbanos indicándonos qué temas son de su interés (Astrología, Autoayuda, Ciencias Ocultas, Artes Marciales, Libros Infantiles, Naturismo, Espiritualidad, Tradición) y gustosamente le complaceremos.

Puede consultar nuestro catálogo en: www.edicionesobelisco.com

Colección Psicología
LA RELACIÓN MADRE-HIJA
Yvonne Poncet-Bonissol

1.ª edición: febrero de 2013

Título original: *La relation mère-fille*

Traducción: *Mireia Ferrús*
Fotocomposición: *Text Gràfic*
Corrección: *M.ª Ángeles Olivera*
Diseño de cubierta: *Marta Rovira Pons*

© 2011, Éditions Dangles, sello editorial del Grupo Piktos
(Reservados todos los derechos)
© 2013, Ediciones Obelisco, S. L.
(Reservados todos los derechos para la presente edición)

Edita: Ediciones Obelisco, S. L.
Pere IV, 78 (edif. Pedro IV) 3.ª planta, 5.ª puerta
08005 Barcelona - España
Tel. 93 309 85 25 - Fax 93 309 85 23
E-mail: info@edicionesobelisco.com

Paracas 59 C1275AFA Buenos Aires - Argentina
Tel. (541 - 14) 305 06 33 - Fax: (541 - 14) 304 78 20

ISBN: 978-84-9777-922-7
Depósito legal: B-386-2013

Printed in Spain

Impreso en España en los talleres gráficos de Romanyà/Valls, S. A.
Verdaguer, 1 - 08786 Capellades (Barcelona)

Introducción

El tema de la relación entre madres e hijas suscita pasiones, preguntas, debates y libros, ya que hace referencia «al origen del mundo». Tan apenas acaba de nacer de las tibias entrañas de su madre, la niña ya es depositaria de la posibilidad de dar lugar a una nueva vida en el futuro. Así, la imagen de la Virgen con el niño llena los museos y las iglesias, y se considera una estampa idílica. Por tanto, «más allá del bien y del mal», y de madre a hija, en esta cadena ininterrumpida de carne y hueso, se transmite la emoción ruidosa de la vida. Se trata de madres marcadas por la época, la educación y los antecedentes familiares, que, de alguna manera, muestran a sus hijas la forma de «ser madre» y de construir su propio futuro. Por lo menos, debe ofrecerse como un trampolín. Sin embargo, la aparente complicidad de hoy en día se debe considerar con recelo y cautela, puesto que se trata de una curiosa relación que pende de un hilo, a un nivel en que hay que tener cuidado de dónde se pisa a cada paso para no caer en el vacío... Madre e hija se asemejan a equilibristas, a artistas de la cuerda floja que a menudo se encuentran al borde de un abismo de múltiples caras. ¿Qué está pasando hoy en día con esta relación con respecto a siglos anteriores? **Fue necesario mucho tiempo para poder ser una misma, y no lo que la madre quería para el futuro de su hija.** Y todo está otra vez en juego; no se ha ganado nada, todo debe trabajarse de nuevo, día a día. Aunque las relaciones parecen a primera vista más pacíficas, debido a la autonomía conseguida por las mujeres más libres, que desean crear su propio destino.

Veremos que nacer hija, durante mucho tiempo, se consideró un lastre, incluso en la década de 1970, cuando la emancipación se convirtió en un lema, para acabar con el destino de una vida centrada en el papel de ama de casa y madre. Por supuesto, mujeres como Emma Bovary sacudieron la sociedad porque deseaban expresar un deseo de algo diferente, del mismo modo que en su tiempo «los recuerdos de jovencita formal» mostraron las «sendas de la libertad». Sin embargo, el camino fue largo hasta que la hija pudo poner en práctica su propio deseo. Obviamente, los anticonceptivos orales permitieron que las cosas cambiaran. A partir de ese momento fue posible escoger entre ser o no ser madre, o incluso decidir el momento. Hoy en día, sin embargo, como señala Elisabeth Badinter, las cosas están muy lejos de ser simples: las voces comprometedoras, la crisis económica que obliga a que la madre reencuentre su lugar en el hogar o que «ceda a su deseo» de realizarse de otro modo parecen imposibles. **Las madres juegan, pues, un papel fundamental para sus hijas a la hora de concederles libertad para que puedan ser ellas mismas.** Pero también es preciso que no proyecten sus propias frustraciones en sus hijas, impidiendo que éstas consigan realizarse. Y en este tema no se ha avanzado nada en una época que en la que el marketing explota la nueva complicidad existente entre madre-hija; en este sentido, la idea de madre-hija como cómplices hace ganar muchos euros. Y, bajo una apariencia seductora, puede tratarse de un arma de doble filo.

De hecho, esta relación se asemeja a un rompecabezas. Pensemos que para un bebé lo más importante eres tú, mi madre... Durante las primeras semanas, la madre es ese cuerpo que alberga el feto, y después, en las primeras horas de vida, impregna para siempre al bebé con el olor de su piel, es la primera voz, el pecho o el biberón abundante, el corazón generoso siempre disponible. Y se construyen los cimientos de la futura confianza. Esta relación de dos seres del mismo sexo actúa también como si se tratara de un espejo: podríamos decir que en él yo soy tú sin ser yo. Esto demuestra la complejidad de este dúo. Pero veamos cómo no perdernos en el peligroso juego de la fusión que impide la necesaria autonomía de la niña. Y es que esta relación es, ante todo, ambivalente: **hoy puede estar marcada por una verdadera confusión generacional de edades que no favorece ni ayuda en nada a la emancipación.** Con o sin serenidad, las dos a veces viven entre el amor y el odio, y los sentimientos se callan y no se expresan. Veremos lo que a veces está en juego detrás del escenario donde estas madres e hijas juegan la carta de la complicidad a veces fusionada. En efecto, hoy en día podríamos creer que esta relación vive unos días tranquilos, algo que no es cierto a pesar de las apariencias.

Asimismo, vamos a tratar de identificar a estas «madres veneno», que o bien están demasiado presentes o no lo suficiente, y que desencadenan todo tipo de situaciones. En este libro se proporcionarán pistas para tratar de no caer de nuevo en repeticiones, y se mencionarán, de manera simple, las características de las madres «suficientemente buenas». Veremos cómo acabar con el sentimiento de culpabilidad y con sus diferentes facetas, o cómo hay que traicionar a la madre para poder llegar hasta ella. Si el tercero, el padre, es el que teóricamente impide la unión, en palabras del psicoanalista Aldo Naouri, esta primera cara del amor marcará para siempre a la chica, que elegirá a un compañero capaz de convertirse en una madre cariñosa. Finalmente analizaremos esta relación en términos de la gran cadena de las generaciones: ¿cómo ser madre después de su madre, y cuál sería la base menos arriesgada? ¿Qué papel juega la madre que se convirtió en abuela, frente a sus nietos y su hija, en un momento en el que las familias se rompen, se descomponen y recomponen de la mejor manera posible?

La relación madre-hija, con sus diversas paradojas, en realidad supone todo un reto para vivir de la mejor manera posible, de modo que cada una encuentre el lugar más adecuado. Se trata de un reto que merece ciertas consideraciones. Si esta relación todavía es imperfecta, se podrá mejorar del mismo modo que la sociedad, como decía Voltaire, es decir, comprometiéndonos con el esfuerzo individual. Es necesario que tanto madre como hija trabajen día tras día para emanciparse; en el caso de la madre, tendrá que examinar su propio pasado como hija, para evitar actuar a ciegas.

*Madre e hija,
una historia vinculada
al pasado...*

Recordemos el pasado con el fin de entender que la relación entre madre e hija se cultivó por primera vez en un terreno árido... Hay que regresar al pasado, puesto que nos puede aportar cierta luz y permitirnos entender lo que está en juego en este dúo, en el inconsciente marcado por acciones que duraron siglos. Recuerda que hasta la década de 1970 el sexo femenino no se consideró desde una vertiente más positiva. En esta época, pareció existir un futuro que permitía escapar del «manual de vida» que decía que la niña estaba tan sólo destinada a quedarse en el hogar para ser esposa y madre. **Era la madre quien indicaba el camino que debía seguir.** Se necesitó mucho tiempo para que la mujer pudiera ver cierta mejora: el acceso a la anticoncepción oral se consideró un gran paso, una pequeña revolución, ya que permitió que las jóvenes pudieran elegir su vida, al mismo tiempo que aplazar y programar la maternidad. Pensemos que durante mucho tiempo no era fácil ser mujer y dar a luz a un bebé de sexo femenino. Y esto precisamente marcó el inconsciente colectivo de la relación madre-hija.

Crecerás bajo el yugo de la madre...

«¡Oh! pero si sólo es una niña», dijo la progenitora

Éstas fueron durante mucho tiempo las palabras que se decían o se pensaban cuando una futura mujer llegaba al mundo. Todos sabemos que los prejuicios van desarrollándose hasta contaminar las conciencias. Por otra parte, este mismo proceso tiene lugar en la cima de la pirámide: los reyes, por ejemplo, se pasan la corona de padre a hijo, y la sociedad quiere pequeños varones. Pensemos también en los retablos de la Virgen con el niño, abundantes en la pintura europea desde hace siglos: el triunfo de la Virgen María es un pequeño varón llamado Jesús... Recordemos también a la impopular María Antonieta, que se desmayó cuando se enteró de que había dado a luz a una hija. Lo que se espera, por tanto, es un varón reproductor, como si se tratara de su pequeño falo, un pequeño varón del sexo opuesto del cual estamos muy orgullosos... Huelga decir que, en este contexto, con independencia de su clase social, la relación entre madre e hija ya está cargada de vibraciones negativas. Hasta la década de 1970, **nacer con este sexo no deseado no ayudaba mucho, y hacía que se despertara el viejo sufrimiento que la progenitora tenía enterrado,** quien, a su vez, también tuvo que afrontar esta prueba nada más nacer. Por tanto, se trata de una historia cíclica que se repite siglo tras siglo, a pesar de que algunas madres, una vez superada la situación de choque, aprendieron a hacer frente a esta situación negativa. Sin embargo, el inconsciente es como una esponja que registra la primera información: «Tú no eres lo que esperaba». Esto podría explicar muchos conflictos, amargura, odio contenido, o al menos la vaga sensación de no sentirse aceptada. **De todos modos, nacer niña hoy en día implica darse cuenta de que todo esto ya existía, aunque las cosas evolucionaran en la década de 1960.** La Historia (con H en mayúscula) y la sociología pueden ayudar a entender su historia personal.

Madre con una misión y consejera matrimonial

Recordemos también que, durante mucho tiempo, la madre, legalmente bajo la autoridad de su esposo, tenía la misión de educar. Hasta aquí todo está dicho. Es una extraña paradoja. Durante muchos años, el hombre ha tenido plenos poderes frente a la mujer. Dominada en el matrimonio y en una posición de sumisión, la mujer lleva las riendas de un poder paralelo, en la sombra, que, aunque esencial, sólo concierne a la dimensión de la madre como educadora. El resto de su persona permanece sin cultivar. Así, resulta imposible saber cuántas mujeres tuvieron que renunciar a su destino y se vieron obligadas a compensarlo convirtiéndose en madres todopoderosas. Pensemos en las palabras de Simone de Beauvoir en *Una muerte dulce*, que hacen referencia a su madre, que «vivió contra ella misma. Rica de apetitos, utilizó toda su energía para reprimirlos y ha sufrido, llena de ira, esta negación». Fue necesario esperar hasta finales del siglo XIX para que se señalara con el dedo esta situación contradictoria. Se tenía que educar en la realidad de la vida, mientras que la ley consideraba a la mujer jurídicamente inferior... Pensemos que la chica se encuentra bajo la mirada materna, cuando ya tiene más de diez años: **hay que aceptar ser criada tan sólo como una niña, es decir, crecer para aprender a ser una perfecta ama de casa, una futura esposa que conoce sus funciones y con un órgano reproductor.** En este panorama, la única perspectiva de futuro son múltiples embarazos y sus accidentes, violaciones, abortos, niños muertos, aunque la maternidad proporcione algunas alegrías...

Hay que convertirse en chica, con juguetes apropiados a su persona, desde la vieja muñeca de trapo a la Barbie. Se debe cortar de raíz una personalidad única, y esculpir a una niña con un molde que se transmite de generación en generación: no existe salvación, sino tan sólo la clonación como perspectiva («Tú serás lo que yo soy, hija mía… También seré la persona en quien deberás confiar, yo seré tu señal, tu referencia, tu guía, tu moral»). La religión también juega un papel destacado. La chica se sitúa bajo el ojo inquisitorial, es decir, entre los ricos será modesta y, si muestra resistencia, será aplacada. **Finalmente, una vez la hija esté experimentada, y dentro de los cauces descritos por ella, la madre le buscará un esposo que sea un buen partido** como si estuviera regentando un negocio de consejera matrimonial. Recordamos una carta de Flaubert a Louise Colet, donde se evoca «la impresión de terror» frente a la sonrisa, «compuesta de indulgencia benigna y la vulgaridad superior» de una madre, cuando vio las manos de su hija entre las del escritor. En las familias no tan privilegiadas, la hija deberá estar a la vez tanto en la fábrica como en el campo, al mismo tiempo que tendrá que ayudar a la madre a realizar las tareas domésticas para perpetuar el modelo; en este caso, en cierto sentido, se está sujeto a su voluntad y se lucha por la supervivencia. El trabajo no se considera una autorrealización, sino una necesidad vital. En este sentido, ¿resulta satisfactorio ser una chica incluso en la década de 1970? **En cualquier caso, la relación con la madre está lejos de estar basada en el deseo de acompañar hacia la autonomía y la autorrealización.**

De la década de 1970 hasta nuestros días: la emancipación

Ciertamente, las mujeres han mostrado a sus hijas otras vías por medio de su propia realización, es decir, escogiendo trabajar para emanciparse (pensemos en escritoras como George Sand, a pesar de su compleja relación con Solange). Por ejemplo, el propio nombre de George reivindica el deseo de que la considerasen igual a los hombres. Asimismo, pensemos en Colette o en Simone de Beauvoir, que muestran el camino hacia la autonomía, aun cuando la última acabe adoptando a un niño, después de considerar la maternidad como un obstáculo. Lo que hará evolucionar esta relación madre-hija fueron las circunstancias excepcionales que se vivieron durante las guerras mundiales del siglo XX: en esta época, las niñas vieron cómo sus madres eran plenamente responsables de la familia, ya que los hombres estaban en los campos de batalla de la «heroica carnicería». Aunque no pudieron votar hasta bien avanzado el siglo XX, estas mujeres estuvieron en todos los frentes y se liberaron por la fuerza de las circunstancias. Por último, esta relación supondrá un cambio de actitudes en la revolución que tuvo lugar en mayo del 68. Este año, las feministas acabaron con la imagen tradicional de la mujer y hablaron de temas como la igualdad, la libertad en la elección de ser o no ser madre, o de posponer el proyecto. En este sentido, **será más gratificante nacer hija** cuando la mujer que lo desee pueda legalmente abortar. **Cuando aparecieron los anticonceptivos orales, surgieron nuevas ideas y tónicas de paridad, de igualdad y de acceso a la educación y al trabajo.** Después de avanzar y ganar terreno, apareció un modelo de mujer más gratificante: **a partir de aquel momento, la mujer pudo hacer algo diferente a lo que hizo su madre, aunque, eso sí, dependerá del entorno social en que nazca, y de los prejuicios** que se transmiten de una generación a otra, a veces ocultos bajo nuevas formas. En cuanto a las neurosis familiares, van creciendo como la espuma, dejando a madre e hija más allá de las apariencias engañosas.

¿Dónde nos encontramos hoy en la relación madre e hija?

Las relaciones, vistas desde el exterior, parecen más tranquilas: muchas mujeres trabajan, realizan estudios superiores y viven menos a través de sus hijas, con quienes construyen una especie de proyecto, y, en teoría, no intervienen demasiado. Las jóvenes madres han visto a sus propias madres trabajar, y tienen acceso a la anticoncepción y al aborto; así, pueden elegir un destino según sus deseos personales. Pueden realizarse de manera diferente al modelo materno, siempre que su madre, que ha alcanzado la realización socialmente, no proyecte en ella sus frustraciones emocionales. Sin embargo, muchas de estas mujeres contemporáneas parece que vivan en un maratón. ¡Cuántas malabaristas o equilibristas existen, que se ponen diferentes trajes según la situación: hay que ser eficaz en el trabajo para no perder el empleo, madre afectuosa, esposa y ama de casa que ve la distribución de las tareas domésticas simplemente como palabras. **Cuántas niñas mantienen con sus madres una verdadera relación que usurpa el lugar de la pareja** para obtener ayuda, o superar las circunstancias de la vida... O incluso a veces realizan las mismas actividades, las mismas vacaciones o comparten la misma ropa; es la abuela que lleva el mismo peinado que la hija y la telefonea para hablar de confidencias. ¿Cuántas madres han educado a sus hijos sin destetarlos, negándoles así la oportunidad de jugar su papel como tercero, entre su mujer y sus hijos? **Madre e hija pueden encerrarse en sí mismas, teniendo al lado a un hombre mitad padre, mitad niño.** De hecho, esto todavía existe. Por último, como dijo Elisabeth Badinter, ¿cuántas mujeres, impregnadas del discurso de retorno al pasado, ceden bajo los llamados discursos ecológicos a la tentación de abandonar los pañales desechables? Esto podría suponer cierto retorno a épocas anteriores a la década de 1970. Respaldados por la crisis económica, se puede moldear a un niño tras otro, y también es fácil renunciar a cualquier evolución personal, del mismo modo que antes lo hacían las chicas, cuando su madre les indicaba el camino que debían seguir. Podemos añadir a esto el uso que se hace de la complicidad entre madre-hija en los carteles del metro debido al marketing, que ansía obtener ganancias: se trata de vender la misma ropa tanto a la hija como a la madre que, a veces, no quiere envejecer. El bucle se cierra. **Aquí se fuerza la situación, ya que se afirma que en estos momentos oficialmente «modernos», en la compleja relación madre-hija, debe cultivarse la vigilancia frente a la tentación de la fusión confortable que siempre amenaza... la libertad de ser una misma,** diferente de su madre. En definitiva, una **persona singular.**

*Una pareja en forma
de rompecabezas*

*La primera persona
a la que quise es a ti...*

Garantizamos que la relación que se establece entre una madre y su hija no es sencilla, a pesar de que la sociedad ha permitido a las mujeres emanciparse a través del trabajo y los estudios, y que la década de 1960 ayudó al «sexo débil» a avanzar hacia una imagen más constructiva. Esta relación puede mantener un carácter pasional, sobre todo si la madre, a pesar de las posibilidades teóricas de existir por sí misma, no ha logrado construir una libertad interior y realizarse más allá de la maternidad. Recordemos también que, tanto para las niñas como para los niños, la madre es, de hecho, el «primer objeto de amor» mencionado por Freud, y recientemente también por el psicoanalista Aldo Naouri: ella ha dado a luz a sus hijos y ha vivido con ellos las primeras horas y semanas necesarias en una especie de éxtasis fusional.

Calor del cuerpo e intimidad carnal

Recordemos que Naouri dice: «Siempre son las mujeres las que dan a luz y traen al mundo a los niños de ambos sexos». La madre deja una importante impronta sensorial y afectiva en el futuro hombre o mujer. Pensemos en esta increíble «seguridad que proporciona la forma embrionaria y el silencio unido a su pared de piel», dice Pascal Quignard en *La Noche Sexual*. Durante los nueve meses de vida intrauterina, el feto podría decirse que respira a su madre por todos los poros, se mete en su interior, se emborracha de ella, que lo alimenta con su cálido cuerpo. Percibe su voz, siente los movimientos de su cuerpo, es la esponja silenciosa de sus emociones; en definitiva, el bebé es una inmersión total. Es un estado de puro éxtasis inenarrable. Está impregnado de la madre, hace pareja con ella, mientras se prepara para el nacimiento. Somos conscientes de hasta qué punto están unidos. Podríamos hablar de la «ferocidad de apego», en palabras de Naouri. Después del desarraigo violento que supone el nacimiento, esta separación es necesaria para poder vivir, pero nos proyecta a un mundo desconocido, fuera de ella. En un primer momento la dependencia es total: **la madre es para el niño, sin distinción de sexo, una necesidad vital, un punto de referencia sensorial, mental, emocional. Durante las primeras semanas es como una pareja. Hemos de tener en cuenta que la disponibilidad física, mental y psicológica de la madre ofrece un cedazo de adaptación el tiempo necesario para encaminarse hacia la diferenciación.** Al principio están los olores del cuerpo materno, que resultan reconocibles, que tranquilizan y calman el llanto; una voz tan visceralmente familiar, los brazos que se cierran. Todo esto construye este «entorno suficientemente bueno» del que habla el psicoanalista Donald Winnicott. La madre, por tanto, deberá estar en un estado total de apertura, de corazón, cuerpo y alma. *Body and Soul*, por así decirlo, dando un toque de jazz. La base de la seguridad interior del niño y el futuro adulto se basa en la dedicación necesaria de las primeras semanas. La madre se entrega plenamente, reconoce a su hijo, lo mira para que él se sienta, para que exista. En un principio, existe una urgencia absoluta de dar cabida a este rostro humano del que Emmanuel Levinas dice que nos compromete con la responsabilidad. **Se entiende que la niña, incluso si después se dirige hacia el padre, estará marcada para siempre. Mirarla, reconocerla, pero sin buscarse a una misma en esta mirada: todo está allí, para que en el futuro pueda producirse la separación.** Por lo que se refiere a una niña, después de las primeras semanas de fusión, será necesario tomar distancias y consciencia de la ilusión que se va a combatir: «Si ella soy yo porque somos del mismo sexo, de hecho, ella no es yo». **Amar a la hija es aceptar poco a poco no continuar siendo un único cuerpo con ella, y dejar un lugar al padre o su sustituto.** Éstas son las palabras que deben asumirse. Escuchemos lo que dice Amélie, quien recuerda esas primeras semanas de fusión vividas con su hija:

> Todo ocurrió como si me dedicara en cuerpo y alma a Constanza, le di todo de mí: mis brazos, mis pechos, mis ojos, mi voz. Yo estaba físicamente presente, siempre cerca de ella, con todos los sentidos alerta, con el corazón, la mente, los sentimientos y el cuerpo movilizado. Me sentía como transportada, llamada por una profunda necesidad interior para acompañar a ese pequeño ser que tanto había deseado. Aunque le di el pecho, dejé que mi marido ocupara el lugar que le correspondía, ya que en la lactancia mixta, él le daba el biberón, la tomaba en brazos y le hablaba. Pero me di cuenta, mucho más tarde, de que ese vínculo tan particular, insustituible, debe vivirse para permitir que el niño se sienta acogido, amado, y que también pueda amar un día y tener una seguridad interna. Lo inquietante fue que era una niña como yo, pero sin serlo... Poco a poco he aprendido a tomar distancia después de los primeros meses. El trabajo, mi marido, los otros han encontrado su lugar.

Hacemos hincapié en que la lactancia materna, que crea una relación privilegiada con el bebé, debe surgir de una verdadera elección, y ninguna madre debe sentirse culpable si no lo desea. Por supuesto, el discurso ambiental incita a la lactancia materna, al mismo tiempo que alienta la práctica de llevar en una mochila al bebé de pocos meses: se debe acompañar al bebé, ya sea niño o niña, para que se produzca la separación. Recordemos que, según un estudio realizado por el investigador Michael Kramer con 17.000 mujeres en Bielorrusia, los niños a los que se les ha dado el pecho no están protegidos contra el asma y las alergias, sino solamente contra las infecciones gastrointestinales. Los niños son amamantados durante más tiempo que las niñas... Dicho esto, con o sin lactancia materna, el equilibrio, la salud y el desarrollo de la inteligencia no van a ser diferentes si hacemos caso a la Organización Mundial de la Salud. Si al principio el niño necesita, según Winnicott, creer que el pecho materno es parte de él, **se entenderá que para el «sexo débil», el tema es la devolución entre semejantes: madre e hija comparten el mismo sexo.** Si la madre proyecta sus propias dificultades haciendo del amor materno una compensación, el daño será enorme. Naouri recuerda hasta qué punto las madres mantienen un fuerte poder sobre sus hijas durante toda su vida. **Si la madre está insatisfecha y no permite que terceras personas (ya sea el padre o un sustituto) tomen su lugar, veremos que la relación se convierte en mortal.**

Tú eres yo, pero sin serlo

Tú estás hecha de lo mismo que yo

La complejidad de este vínculo tiende a la siguiente ambigüedad: muy unido en el juego de miradas, cada una se contempla en la mirada de la otra para encontrar una especie de eco de sí misma. La hija concebida es del mismo sexo, carne de su carne. Y es aquí donde las cosas se complican. ¿Cómo existir plenamente, cómo ser autónomo, cómo desprenderse del cuerpo materno que tanto tranquilizaba, pero que amenaza con aplastar a la niña si ésta no se desliga de manera violenta? Se entiende que esta relación se establece, más allá de las apariencias, a medio camino entre la fascinación y la repugnancia. El título de un libro de la psicoanalista Doris-Luise Haineault, *Fusión madre-hija, apañárselas sin dejarse la piel,* es por sí mismo ilustrativo; en otras palabras, todo el trabajo de la madre **es aceptar el destete en todos los sentidos del término. Sin dejar de estar disponible y ser cariñosa, es necesario conducir a la niña hacia la autonomía; acompañarla para que se dirija hacia los demás, para que se abra al exterior, para conceder un verdadero lugar al padre.** Hay lo suficiente como para perderse en el laberinto afectivo en el que un minotauro con faldas puede venir a devorar a la chica que se pierde, a veces sin darse cuenta. En cartas que Madame de Sévigné envió a su hija, que se fue a vivir con su marido al castillo de Grignan, es a esta parte de ella misma a la que se dirige, al no poderse separar psicológicamente de ella. «Ella soy yo», se podría decir en una historia de fusión en que la madre no se ha desligado de lo que ella percibe como una réplica de sí misma. Hasta este punto proyecta sus frustraciones afectivas. **Esta imagen de sí misma en el espejo es claramente percibida por la niña, que descubre su similitud fisiológica con respecto a la madre, con quien compartía el mismo cuerpo durante el embarazo.** Sin embargo, la misión de la madre es hacer entender a su hija que ella es otra persona: **por sus acciones, sus actividades personales, lucrativas o no, debe demostrar que existe fuera de ella, en sí misma, y que no es sólo madre.**

Por sus compromisos de mujer, cualesquiera que sean, ella le mostrará la dirección hacia la autonomía para escapar a la tentación de la fusión. Se podría decir que la Medea que mata a sus hijos está presente en toda madre que no se realiza más allá de la maternidad. Como anunció en su tiempo Françoise Dolto, es preferible una madre que vuelve al trabajo tras la baja por maternidad que una progenitora deprimida que desempeña las labores de su hogar. **Por tanto, hay que hacer todo lo posible para evitar la culpabilidad consciente o reprimida: la separación psíquica debe trabajarse poco a poco cada día** en esta pareja en la que la percepción de similitud, si la madre tiene influencia, puede impedir a la niña acceder a ella misma una vez sea adulta. Naouri también señala en su libro *Las niñas y sus madres* cómo la relación simbiótica fusional, de una violencia psicológica extrema, puede llegar al «incesto platónico». En este caso ya no existen dos personas, sino un cuerpo que amenaza con destruir al otro. La alienación no está lejos. En *Un acontecimiento feliz*, la escritora Eliette Abecassis subraya hasta qué punto fue necesario construir la separación de una madre judía pasional sin que la relación fuera conflictiva. **Recordemos que, en este vínculo madre-hija, «tú eres yo, pero sin serlo». En este sentido, se trata de dos personas que deben vivir cada una su «deseo singular».** Sin embargo, es la palabra «pero» la que se convierte en crucial en esta aseveración.

Pero tú eres mujer y yo una niña

La otra contradicción surge de la percepción confusa de la niña, que considera que tiene un poco menos que su madre. Sabemos que ella también descubre que es diferente del hombre, del hermano, que él tiene algo más de lo que ella se ve privada. Todos estos descubrimientos son excesivos para una niña pequeña. **Es necesario acompañarla a través de palabras sencillas, así como con humor y una posición clara.** De hecho, la otra cara de esta relación surge cuando se da cuenta de que la madre es otra: ¿qué madre no ha visto con emoción cómo su hija se ponía sus zapatos de tacón, le pedía prestado su par de zapatillas, se introducía dentro de su gran suéter, o se ponía una falda demasiado grande para ella? En el fondo, se trata de hacer todo lo posible para parecerse a la madre, que es una mujer; además, se siente fascinada por este «más» que intuye. En este sentido, este «más», esta diferencia, esta otra dimensión es la feminidad que se percibe como la llegada a la madurez. Esta sensación de separación provoca al mismo tiempo envidia y un sentimiento de profunda impotencia; «sólo soy eso», podría decir la niña enfrentada a una especie de límite: ella, la madre, es la mujer que yo no soy, es abrumadora y «demasiado hermosa para mí». **Cualquier madre consciente de estos problemas debe acompañar a su hija, haciéndole comprender, con humor, que ella es una niña que crece un poco cada día, y que se está preparando para ser mayor, para ser mujer.** Hay que explicarle con palabras sencillas que se necesita tiempo y que es bueno aprovechar los años de preparación para el momento en que sea mujer. Pensemos también en la famosa escena del Edipo freudiano: la niña, antes del período de latencia, compite con la madre, considerada como un rival frente al codiciado padre. Es el momento de emprender la seducción del padre, lo que representa la puerta de acceso a la posibilidad de amar a alguien diferente de la madre, y más tarde, del padre. El punto de vista del psicoanalista Naouri es interesante: él sostiene que se trata de una estrategia de distracción, una diversión, y que la gran pasión de la niña sigue siendo la madre, que ha impreso en ella su «alfabeto de la percepción». Las palabras de Isabel son interesantes:

He vivido con una madre con la que he tenido una relación difícil. Tuve que marcharme pronto de casa para ponerme a prueba y para sentirme viva sin ella, con quien no quería tener que enfrentarme. Desde pequeña me sentí subordinada a ella. Sus perfumes embriagadores, sus collares de perlas en su cuello, sus trajes negros para las noches de fiesta, sus risas que llenaban la casa, su presencia tan carismática: todo esto hacía de ella la estrella del hogar. Recuerdo haber olido en el tocador su ropa maloliente, haberme deslizado en sus enaguas de seda, haber caminado con torpeza, a menudo a trompicones, en sus zapatos negros de tacón. Sus palabras eran sagradas. La odiaba por ser demasiado alegre con mi padre. En la adolescencia, tuve una crisis, y a los diecisiete años me fui a estudiar al extranjero. Volví cambiada, liberada: por fin tomé mis propias decisiones, me probé a mí misma más allá de su mirada. Sin embargo, incluso hoy que estoy casada y soy madre, advierto hasta qué punto su opinión aún es importante en mi vida.

Cómo existir, yo que soy tan diferente de mi hermano...

Querer parecerse a la madre es también una manera de tratar de existir para ella, porque la percepción de la niña es que ella no es «el oscuro objeto del deseo». Entre los brazos de la madre y su propia persona está el mundo, así como los otros y su mirada, que se aleja de ella, para observar a otras personas. **Y así debe ser.** Esto ayuda a romper el estado de Su Majestad la niña, parodiando a Freud. Entonces ella empieza a querer ser como él, con rabia, con fuerza, para, como se ha dicho, actuar como si ella fuera una mujer. Al mismo tiempo debe existir y competir, tratando de alejarse de ella, puesto que parece que prefiere a otros... ¡Qué paradoja este vínculo de múltiples facetas…! Y, sin saberlo realmente, la pequeña voz del inconsciente de la niña podría susurrar las siguientes palabras: «Te odio porque no eres exactamente yo». **Las madres tendrían que oír esta pequeña voz silenciada: «Sí, soy tan diferente de mi hermano al que tú miras de otra manera...».** Esta relación, mezcla de odio y rencor reprimido, está relacionada con la existencia de los hermanos. La niña siente que la mirada y el comportamiento de la madre hacia su hermano son diferentes. Presiente, de manera intuitiva y sin palabras, que él tiene otras cosas y que ella no puede hacer nada: ella no puede ser lo que es el niño. Descubre, como dice la película, que «tener o no tener» es la diferencia. **En este momento se lleva a cabo una elección crucial de identidad y se abren diversos caminos.** Se entiende que la actitud de la madre es fundamental: tendrá que ir con mucho cuidado. Deberá mostrar la constancia de su cariño materno, pero, volviendo a Lacan, «no ceder a su deseo de» dar su amor materno también al hermano, incluso si la relación es diferente, debido a la diferencia de sexo. **Mediante palabras, actitudes y acciones cabe aprender a tranquilizar y no mostrar, ni tan siquiera a nivel inconsciente, preferencias. Se tiene que decir con palabras sencillas y con un toque de humor que se quiere a todos los hijos por igual, que cada uno tiene su lugar en su corazón.** Numerosas peleas amargas dignas de mención entre hermano y hermana nos muestran bien este desafío: querer a la madre para él o ella solos. Esto también se puede traducir por una fascinación mezclada de deseo incestuoso hacia el hermano: acercarse a este misterio de proyecto de hombre es una manera de aproximarse a la madre. Recordemos la magnífica novela de Duras *Un dique contra el Pacífico* y las relaciones de Suzanne con el hermano terrible, al cual la madre está literalmente apegada. En el fondo, los niños terribles lo son por culpa de la madre, tanto más cuanto el padre no está psicológicamente presente o brilla por su ausencia. Reiteramos que el lugar del padre, sea o no el progenitor, marcará la diferencia, al introducir la figura de un tercero en medio de todos estos hijos ruidosos. El hermano pequeño se ve como «el que me impide dar vueltas» en una relación madre-hija tan fantasiosa como exclusiva. **La madre debe tomar consciencia de lo que es como mujer, tanto en su matrimonio como en su vida, para tomar esta distancia necesaria.** Cada uno, tanto niña como niño, se encontrarán menos amenazados de regresión y podrán evolucionar hacia la madurez para lograr ser unos individuos autónomos.

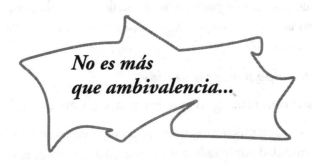

*No es más
que ambivalencia...*

En el fondo, el vínculo que une a la madre y a su hija es y sigue siendo un verdadero quebradero de cabeza, incluso aunque aparente serenidad. Debido a que comparte el mismo sexo, la chica debe ser extraída con fórceps del cuerpo sagrado de su madre, ya que este cuerpo amenaza con asfixiarla. Por un lado, el deseo es marcar una diferencia, mientras que la famosa tentación acecha con lo siguiente: «Cuán difícil me resulta separarme de ti, de quien he dependido en mi atroz éxtasis», algo que podrían decir todas las niñas si pudiera hablar su inconsciente, esta parte desconocida del cerebro así llamada por los neurobiólogos. Recordemos las palabras de Simone de Beauvoir, refiriéndose a su madre en *Una muerte dulce*: se trataba de una «dependencia amor-odio». Por tanto, es necesario liberarse de este cuerpo que está pegado a la piel, porque lo ha llevado consigo durante el embarazo. Será más difícil si la madre ha reforzado su control y no ha ayudado a avanzar hacia la autonomía. En este sentido, **ésta es su verdadera misión, acompañar la separación**. Esta relación, por tanto, es paradójica: «Quiero ser tú, que no eres yo, y quiero que no seas completamente yo». Esto es lo que se susurra en las profundidades del inconsciente, la cueva misteriosa que lleva tiempo abrir, aunque también se rumorea lo siguiente en la conciencia de la niña, quien descubre que su madre se encuentra atraída por el sexo masculino, que desplaza a su persona.

Yo te culpo por ser una niña

Si soy una niña, ¿por qué mi padre no me quiere?

Esta relación cargada de contradicciones se explica también por una realidad constatada por la niña. Ella se da cuenta de que la mirada dulce de su padre, que se convertirá en el «héroe», y cuya madre será rival, si hacemos caso de las palabras de Freud, no tiene ojos para ella, sino para esta «más» mujer que ella, que es su madre. Para el psicoanalista Naouri, este tercero que es el padre, que pone límites para romper la relación madre-hija, es una «molestia» que conviene «seducir» para alejarlo finalmente de la madre. En cualquier caso podemos entender hasta qué punto la pequeña se enfurece en el fondo de sí misma. Su madre no es para ella sola, sino que hay otra persona, un padre que atrae y que al mismo tiempo molesta, que ocupa el lugar cuando ella quería ocuparlo por completo. Y así está bien. Recordemos a las madres que querer a sus hijas consiste en ayudarlas a despegarse de ellas y a introducir a una tercera persona, que es el hombre al que ama, el objeto de su deseo: ésta es la única condición para que su hija pueda llegar a su vez a desear a otro, y así convertirse en una mujer que amará a un hombre. Por tanto, es necesario que el padre se sitúe entre ellas. Del dolor y la rabia que siente la niña puede surgir algo bueno a pesar de la «ferocidad de apego» de la cual habla Naouri. Se puede ser una mujer con deseo y no sólo una madre, algo que es esencial para que la niña se vaya separando de la madre.

Yo te culpo por preferir a mi hermano, que tiene algo más

Del mismo modo, la niña se enfada, sufre y dice cosas malas del hermano, que atrae otra mirada hacia él. En definitiva, no es posible ser una única persona con su madre en la dulce quietud de un lazo de éxtasis. Si la pequeña supiera hasta qué punto todo puede volverse contra ella... De hecho, lo siente, hasta el punto de que al desarrollarse como mujer, ella vivirá a su sombra y será dependiente **si su madre no la presiona para que se individualice**. Pero sobrevivirá y formará su vida. Frente a este hermano que tiene algo de lo que ella carece, la niña puede reaccionar de tres formas posibles. La primera es aceptar ser diferente, y así desarrollar su feminidad. Para ello, la madre, con ligereza y humor, puede ayudarla a comprender que hombre y mujer son distintos y complementarios, y que la niña también puede estar orgullosa de ser lo que es, incluso aunque no sea evidente. En *Los hijos de Yocasta*, Christiane Olivier recuerda cuántas mujeres rechazan su placer, hasta el punto de no nombrar el famoso clítoris. La segunda, menos beneficiosa para el desarrollo de la feminidad, es jugar a las reivindicaciones, a no querer ceder ni retroceder. Escuchemos las palabras de Laura:

Tardé varios años en comprender por qué rivalizaba con los hombres en todas las áreas de mi vida. Necesité una ruptura sentimental para ser consciente de que era una guerrera incapaz de abandonar. Hay que decir que mi modelo familiar seguía esta estructura. Mi madre era una mujer fuerte que dominaba a mi padre, y mantuvo con sus hijos unas relaciones de excesivo dominio. Estaba demasiado pendiente de mis hermanos, y yo era la única chica. Batallé durante mucho tiempo, pero todo fue en vano. ¿Qué no habría dado para que me mirara como a ellos, esos hombrecillos que tenían algo más que yo. He aprendido poco a poco a transformarme, a vivir de otra manera gracias a la terapia, pero también trabajando en mi cuerpo con el yoga. Me di cuenta de que podía ser una mujer con responsabilidades en el trabajo sin tener que comportarme como un hombre.

La tercera vía, en este caso más bien triste, que puede tomar la niña puede ser avanzar por el camino de la renuncia, vivir en la sombra, un imperativo de la madre que no habrá sido capaz de borrar para dejar que ocupe su lugar el padre o el individuo que lo sustituya. Como persona omnipotente, «madre terrible» y demasiado presente, la progenitora crea una dependencia, una culpa por haberla abandonado. Éste es especialmente el caso cuando la relación de pareja se está deteriorando y todas sus frustraciones se las transmitió a su hija, o bien si sólo se siente realizada a través de la maternidad. La niña se convertirá en el bastón en el que la madre se apoyará en su vejez, como Antígona lo fue para su padre el ciego Edipo. Por tanto, la hija, para poder ser ella misma algún día, debe ser sólo una presencia, una compañía, ofreciendo afecto en la justa medida, sin ningún tipo de exceso. Más tarde se hablará de la adolescencia.

Un lazo ambivalente, con o sin serenidad

Sea cual sea la apariencia que ofrezca esta relación, insistimos en que siempre está marcada por la ambivalencia. Podría argumentarse que madres e hijas parecen hoy en día más tranquilas que a finales de la década de 1960, cuando era más difícil de desarrollar su «deseo singular», y atreverse a existir por sí mismas con su diferencia. Sin embargo, veremos que esta gran complicidad explotada por la publicidad, entre otras cosas, con el propósito de vender la misma ropa a una y a otra puede ocultar mucha violencia no expresada. Recordemos a Lacan, que hablaba de «arrasar» en esta relación. En otras palabras, una relación aparentemente no conflictiva o tranquila entre una madre y su hija está libre de contradicciones; la amenaza de la fusión sigue estando presente, y siempre se asemeja a «Te quiero, pero corro el riesgo de que me aplastes».

Entre el amor pasivo y el odio en caso de abandono

La niña que ha sido abandonada por una madre que ha estado psicológicamente ausente corre el riesgo de permanecer unida a aquella nostalgia que no ha existido. Se trata de un estado psicológico del que es muy difícil salir. Es una forma de melancolía inconsciente de lo que pudo haber sido y nunca será. El triste deseo de la niña puede centrarse en la espera, la sumisión y la abnegación; además, no se emancipará de ninguna manera. Ella, sin saberlo, esperará de la vida, de su pareja y del trabajo aquella caricia materna que nunca obtuvo en su infancia. Realizará elecciones inestables, con parches, con el fin de compensar su inseguridad emocional. Y, por tanto, no podrá sentir odio hacia su madre, ya que siempre esperará, como Godot, un signo de amor por su parte. Se hundirá en la desesperación, que será su único disfrute autoerótico: sus compañeras preferidas y a la vez detestadas serán la soledad y la pasividad. Es incapaz de sentir resentimiento consciente, y, por tanto, crecer en cuanto a persona. Por tanto, debemos reflexionar como madres sobre la necesidad de encontrar el mejor equilibrio para conciliar con éxito las vidas de mujer y de madre para que los hijos tengan una seguridad interior, la única clave posible para la futura emancipación. Una hija descuidada debe ser capaz de ser consciente de esta ira reprimida, de expresarla, para evolucionar y conseguir libertad para convertirse en ella misma. Abandonar a la hija puede ser una forma de no querer reproducir un modelo de educación sofocante como el que ha vivido: como extremo pensamos en el no deseo de maternidad de Simone de Beauvoir, que dio prioridad a su desarrollo personal como mujer antes que convertirse en madre adoptiva. Fue una forma de decir «nunca más». ¿Fue ésta una elección realmente libre o por reacción, debido a la amenaza de ser devorada? Abandonar a su hija para desarrollar dramáticamente su vida personal y social también puede ser el resultado de un deseo de existir para ser reconocida, para compensar un sufrimiento de la infancia. Si la percepción mal llevada al plano de lo consciente es no querer ser vista en la infancia, en el momento del famoso estadio de narcisismo primario, entonces puede intentar existir a los ojos de los demás y dejar de lado a su hija. Se centrará en actividades destinadas a demostrar su valía a su propia familia. Es necesario tomar conciencia de que se trata de una compensación para encontrar un poco de amor propio, ya que puede servir de ayuda para equilibrar mejor la vida, para convertirse en una «madre suficientemente buena» para su hija. Tengamos en cuenta que estos casos de evasión, de ausencia psicológica, no están relacionados con una falta de amor por el hijo, sino que hablan del pasado doloroso sobre el que se construyó la madre.

Entre el odio y el amor en caso de un exceso de apego

Todos conocemos a esas familias con madres omnipotentes, como una especie de Medea que por frustración personal han «matado» simbólicamente a un hijo o a una hija, que han cargado sobre ellos sus carencias emocionales. Existe un gran número de Genetrix al estilo Mauriac o Cocteau, es decir, unas madres pulpo con unos tentáculos que asfixian a golpes de amor chorreante, viscoso, que transforma la familia en un todo pegajoso, irrespirable, al borde de la apoplejía. Con toda seguridad, en esta descarga dionisíaca de gran amor maternal surgirán algunos Tanguy con faldas o criaturas clonadas sin ningún tipo de columna vertebral que se limitarán a reproducir el sacrosanto modelo de su madre. Se huele la relación incestuosa latente, diría Naouri, de esas madres que pegan, con todo su corazón y su cuerpo, a su hija con sus palabras de solicitud eterna, capaces de realizar mil servicios, incluso los que nunca les pidieron. Ellas harán ver que aceptan al compañero sentimental de su hija para gobernar mejor y dar consejos, metiéndose en la pareja. ¿Es esto amor maternal? En mi opinión es más una cuestión de afecto interesado y posesivo que presta su ayuda a una vida personal inexistente o construida sobre terrenos pantanosos. Se trata, por tanto, de compensar. Hay que saber que **una presencia abusiva no constituye una señal de amor, que no «es sólo una ilusión», sino una intrusión invasora que hace caso omiso de la voluntad del otro. Es importante entender por qué llegamos allí, cuestionándonos sobre nuestra propia vida, sobre la relación con nuestra madre y con nuestro padre.** De hecho, ya no es la niña atrapada en el Edipo del cual hablaba Freud, sino una chica dentro de la prisión maternal, de la cual no puede escapar. Sin autonomía depende de este cómodo lazo de apego; incluso le resulta más fácil succionar la leche materna, algo digno de una película de Almodóvar o Fellini, que ganarse el pan con el sudor de su frente. Es una madre deificada, una Deméter monstruosa de la que a veces no se puede prescindir, y a la cual nos sometemos. Emanciparse significa comprender los mecanismos de dependencia para lograr expresar su resentimiento negativo, para autorizarse, para poder transformarse e ir hacia una misma, acabando con el sentimiento de culpabilidad. En este caso, ser una misma implica «traicionar» a su madre. Una chica así puede tratar de reaccionar, para intentar existir multiplicando sus hazañas con el fin de ser amada por su madre; en este caso, el agotamiento estará al acecho. Veamos el camino de Geraldine:

> Me llevó cuarenta años entender que había vivido a la sombra de mi madre, que era muy cariñosa, disponible sin límites, pero en el fondo invasora. Me daba continuamente consejos, nos llamábamos todos los días, le consultaba todo. Pasábamos las vacaciones juntas, como en la infancia, donde su presencia era muy fuerte. Era una madre en apariencia impecable y muy generosa, bella, que llevaba la casa de manera magistral, decidiendo todo, siempre al lado de mi padre, quien le consultaba todo. Entender hasta qué punto este vínculo tan fuerte me había literalmente envenenado me costó una ruptura sentimental. Cuando realicé una encuesta sobre mí misma en terapia, aprendí a destetarme lentamente, a ganar autonomía, a identificar mis deseos personales. Retomé los estudios para realizarme profesionalmente, y, más tarde, me las arreglé para amar a un hombre en una relación en la que ocupé mi lugar como mujer independiente.

Recordemos que las niñas reencuentran a menudo en su pareja a un sustituto de su madre, según la opinión de Naouri. Helene Deutsch también nos mostró que una niña devorada por los cien ojos de Argos de su madre sofocante puede llegar a ser pura y simplemente su triste clon.

Quiero reparar tu infancia y tu vida a través de mi persona

La relación será peligrosa en el momento en que, detrás del escenario del inconsciente, la niña sea considerada por la madre como una suerte de rehén, a través de cuya persona tiene que ajustar cuentas acerca de su pasado. Por tanto, se trata de una madre que no sabe estar en el lugar que le corresponde. Pensemos en algunas madres o madrastras típicas de los cuentos de hadas. Así, la Rivalidad o los Celos son personajes dignos de una novela que llevan a cabo una danza macabra. Blancanieves, por ejemplo, como es demasiado hermosa, es expulsada del castillo por una madrastra omnipotente y narcisista que está decidida a deshacerse de ella. El odio del que habla Melanie Klein puede tener lugar para las dos en varios escenarios. A veces, una madre se convierte en «abandonadora» porque su hija le recuerda antiguos sufrimientos soterrados: como no puede hacerse cargo de su hijo lo abandona. El contacto con el hijo reabre un recuerdo doloroso sobre el que no ha tenido lugar ningún duelo; por ejemplo, el abandono de su padre tras su nacimiento, una familia monoparental, una infancia vivida bajo el yugo de una madre demasiado posesiva, o tomar el lugar de un niño muerto. En esos casos es imposible cumplir con el papel de madre que acompaña a su hija hacia la autonomía: no preocuparse por ella es una manera de sanar su propio dolor no resuelto de mujer o de antigua niña o niño. Suzanne, en la novela de Marguerite Duras *Un dique contra el Pacífico* trata de esta cuestión: reparar la familia pobre frecuentando al señor Jo, hijo de una familia acomodada, cuya principal preocupación es su vehículo… Por tanto, es necesario reflexionar sobre su infancia, sobre sus propias relaciones con su madre y sus heridas de madre para no traspasar su propia historia a su hija. En otras ocasiones se puede estar reproduciendo el mismo modelo. La madre es asfixiante porque su progenitora también lo era. Esto se puede traducir en una presencia demasiado fuerte, en una necesidad permanente de su presencia o en expresiones de afecto que impiden que la chica pueda despegar, debido a que se siente culpable por tener que abandonar a una madre tan cariñosa y cuidadosa. De hecho, este amor es una farsa, puesto que es posesivo, exclusivo y anula al otro como persona. La chica se encuentra cosificada, destinada a jugar el papel de reparadora, de distribuidor automático de amor para llenar la propia falta de su madre. Una vez más, se trata de cuestionarse sobre antiguos dolores personales y relaciones familiares, de poner punto final a sus insatisfacciones en el ámbito conyugal o en la realización personal, para evitar ahogar a su hija contra su pecho. La amenaza es el control. Pensamos en la madre pasional de George Sand, quien, después de la muerte de su marido, confía a su hija a la abuela paterna. Ésta la educa, creando en la futura escritora un abismo de dolor interiorizado. Sabemos que en el dolor del abandono se ocultan la rabia y el odio interiorizado. Cuando George Sand se afirma por su inteligencia, potencia el resentimiento de su madre, que se siente menospreciada. **Se puede reaccionar haciendo consciente la pena fruto de la sensación de abandono, y después expresando las emociones liberadas de cólera y de rabia. De lo contrario, una chica puede permanecer toda su vida como reparadora de la madre y puede olvidarse de su destino personal.** También sabemos que las chicas que optan por la rebelión son las que tienen más posibilidades de realizarse de manera autónoma. Lo importante es que entiendan lo que está en juego en relación a su madre para comenzar a reaccionar con el perdón. Tengamos en cuenta que ser una misma no consiste simplemente en reaccionar. De lo contrario, la autonomía no estará presente mientras perdure la dependencia psicológica.

Te culpo de no haber sido deseada como hija...

Se ha dicho hasta qué punto, durante siglos, el hecho de nacer niña no se consideró un regalo. Llevó tiempo que la sociedad ofreciera otro lugar mucho más gratificante a las mujeres. En especial, hasta finales de la década de 1960, las madres no recibieron con buenos ojos un bebé de sexo femenino. Sin embargo, muchas niñas siguen quejándose ante sus psicoterapeutas y psicoanalistas por sentirse menos queridas que su hermano varón. Aquí cabría destacar a Marguerite Duras, quien recuerda que su madre, en su lecho de muerte, sólo reclamó a su «hermano mayor». La relación de la escritora con su hermano, violento y fumador de opio, estaba claramente marcada por un vínculo incestuoso latente, tan fascinante como detestable, y ella no sabía cómo separarse de él, ya que atraía a su madre. Serle fiel es una manera de acercarse al cuerpo de la madre, de tratar de recuperarla. El alcoholismo de la escritora no era otra cosa que el biberón de la dependencia, empujado por la nostalgia de una falta sentida, y también por la culpabilidad frente a la madre viuda, arruinada y destrozada. Entonces, ¿cómo iba a traicionarla? También vuelca sobre ella misma el odio y la rabia de no encontrarse en el lugar de su hermano mayor preferido, el que tiene el otro sexo, ese sexo mágico que marca la diferencia y que llama la atención de la madre. «Destruir», dijo ella, no haber sido deseada como niña. Se debe tomar consciencia de esta carencia afectiva, permitirse expresar su dolor, pero también su cólera por haber permanecido a la sombra. Por otro lado, debe recuperar su vida, domesticar su feminidad, sacar fuerzas. Es importante reconciliarse con lo que somos para no agotarnos siendo otra persona o destruirnos mientras esperamos demasiado tiempo a que nos reconozca nuestra madre, una persona que también está afectada. Como chica, hay que trabajar en la aceptación de la feminidad, es decir, olvidar que se trata del «sexo débil». Por último, hay que hacer las paces con alguien que durante mucho tiempo se ha considerado un «hermano enemigo», un rival, ya que así se producirá la liberación interior: se trata de poner en su lugar a este personaje que creíamos que nos hacía sombra. **Por lo que se refiere a las madres, se darán cuenta de que deben aprender a ayudar a su hija,** a preguntarse lo que representa este hijo, que a veces simboliza el falo al que ellas han renunciado psíquicamente. Escuchemos las palabras de Clara:

He pasado cuarenta años de mi vida moviendo montañas para complacer a mi madre. Pronto me di cuenta de que ella sólo tenía ojos para mi hermano mayor, más frágil en apariencia. Ella se lo toleraba todo, sus iras, su pereza. Mi padre era bastante débil, no sabía poner límites con firmeza y calma, y se enfadaba con frecuencia. Por mi parte, me aislé encerrándome en los estudios, ofreciendo de mí misma una imagen suave y sabia. Al crecer, me di cuenta de que mi padre y mi hermano tenían conmigo una relación muy intensa. Yo era como una cosa. Vivía con mi hermano mayor una relación basada en cierto sentido en «gritos y peleas». Su violencia me asustaba, y, al mismo tiempo, quería protegerlo, aunque lo odiaba de manera inconsciente por tener un lugar privilegiado al lado de nuestra madre. Yo, obviamente, durante décadas fracasé en la construcción de mi vida emocional, encadenada de forma inconsciente a los hombres de la familia que ejercían presión. Me di cuenta más tarde mientras asistía a terapia. Había buscado en vano la mirada de mi madre cuando ella misma estaba rota y no estaba contenta de su vida como mujer. Ella no pudo conseguir sus verdaderos deseos, y tuvo que ceder a lo que su familia había pensado para ella, y especialmente su madre. Me agoté mendigando una palabra, una caricia, realizando mil y una hazañas para hacerme presente. Del mismo modo, me di cuenta de que yo había querido, de manera inconsciente, hacerme cargo de ella, sintiendo su dolor, que ella expresaba a través de quejas continuas hablando de otras cosas. De hecho, me habría sentido culpable de abandonarla. Hasta algunos años después no me permití desvincularme de esta relación en la forma de no relación, para existir tomando decisiones reales. Por fin pude realizarme traicionando psíquicamente primero al padre, después al hermano y por último a la madre.

Repitamos una y otra vez que es esencial, para que los niños se despeguen de la madre, la figura de una tercera persona, ya sea el padre u otro individuo. Este testimonio revela hasta qué punto una chica puede ser dependiente de los demás cuando la tercera persona no ayuda a la separación del hijo o hija con respecto a su progenitora. Por último, nos encontramos con esta idea esencial de que «ser tú misma» supone traicionar a la familia, que encontrará de nuevo el lugar adecuado, desligada de lazos pasionales y de expectativas no cumplidas. **Ser adulto en la relación madre-hija a veces consiste en aprender a no esperar que lo que ha ocurrido pueda cesar un día, y aceptar que la feminidad es una oportunidad, no una desventaja.** Es un camino que debe recorrerse. Debemos ponernos en marcha en otra parte con un terapeuta. Esto ayuda a construir una base de mejora de la autoestima y de la autonomía, la puerta de entrada a proyectos de vida constructivos para uno mismo. La creación en todas sus formas puede ser una ayuda muy valiosa. La escritura autobiográfica en forma de diario o de una historia personal permite la introspección.

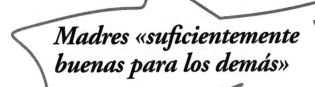

Madres «suficientemente buenas para los demás»

La madre «aceptable» a grandes rasgos...

El hecho de hacerse preguntas no sólo para encontrar certezas ya nos aproxima a lo que podría considerarse una madre «aceptable» para su hija. La única certeza, como decía el dramaturgo Bertolt Brecht, es la incertidumbre. **Dudar significa no ser rígido y monolítico y aceptar siempre cuestionarse.**

Ser psíquicamente adulto, y salir uno por sí mismo de la infancia

Es esencial estar disponible y comprometida sin excesos, expresar afecto sin ser posesiva, poder escuchar y dialogar sin interferir, proponer como base los valores de ser y no de tener, ser constante y tranquilizadora, sin vivir a través de su hija y ser intrusiva, conservando una vida personal. Tal vez deberíamos recordar lo que parece obvio, pero que no lo es forzosamente. Ser una madre tomando suficiente distancia (en palabras del psicoanalista Winnicott) implica que la edad de madurez emocional no esté demasiado descompensada con respecto a la edad real. Si la madre sigue siendo una niña o

49

una adolescente, con una edad mental que no es la suya, la relación será aún más problemática. Las proyecciones personales de la hija que manifiesten lo contrario pueden actuar como un espejo que devuelve su imagen a la madre, al mismo tiempo que hace que vuelvan a surgir los antiguos sufrimientos todavía pendientes de solventar. **Debemos ser conscientes de este pasado afectivo todavía no resuelto.** El riesgo, por supuesto, es que el niño o adolescente sea tomado como rehén y pague caro el precio de las dificultades personales maternas que hablan de otra cosa y que no le conciernen. Para estar disponible y acompañar de alguna manera a su propia hija, es conveniente valorar su propia relación con su madre. De lo contrario, se corre el riego de revivir la misma historia, reproduciendo un patrón o, de manera inconsciente, para evitarlo, reaccionar en contra. Pensemos en George Sand, que intentó que su hija Solange no cayera en un fervor místico católico en un momento en que la madre, como modelo a imitar, a menudo se rebelaba. Por ejemplo, una madre que se ha sentido abandonada por su progenitora puede reproducir el mismo esquema con su propia hija, o bien tener con ella una relación posesiva, como si se tratase de un pulpo, que no pondrá fin a la amenaza de asfixia, con sus tentáculos negros de «madre terrible» a la manera de Cocteau. Entonces se convertirá en una especie de juego de compensación emocional. Por el contrario, una madre que ha sido aplastada y dominada por su madre, y que pudo ser clonada, ella misma clonará en el futuro. En caso contrario, tal vez se convierta en una madre que abandona e ignora a su hija, pero no por falta de cariño, sino de manera inconsciente para no causarle tal sufrimiento. Ha quedado claro que es importante analizar sus relaciones con su propia madre, y trabajar para realizar un duelo, si es necesario, con respecto a las dificultades que todavía no se han dejado atrás con el fin de no transmitir a su hija sus propias deudas no solventadas. Debe hacer las paces con su pasado, trabajar para aceptar lo que se era, aprender a perdonar, permitiéndose primero expresar su resentimiento, y después analizar las heridas. **Hay que limpiar el interior para que pueda florecer una relación madre-hija más distanciada.**

Avanzar en la justa medida en el camino de una madre...

Desde los primeros meses de vida

Aquí, una madre podrá relacionarse con su hija, a la que no debe considerar su reflejo, sino una persona singular, diferente a ella. En este sentido, se trata de una relación «aceptable», en palabras de Winnicott. Tengamos en cuenta que durante los primeros meses, **la joven madre debe poder proporcionar cuerpo, corazón y alma, es decir, todo su ser, a su hija, que la necesita para construir su seguridad interior.** El nacimiento la ha proyectado hacia un mundo desconocido y hostil que le genera ansiedad. Así, la plena presencia de la madre es esencial: ella se entregará a través del cuerpo, que se convierte en lenguaje; tendrá puntos de referencia que le proporcionan seguridad: el contacto con los brazos, la voz, las palabras afectuosas y el olor de la piel. «Yo la mimo, la cuido, la estimulo, la peino, la mezo, la tomo en brazos. Es un trabajo tan animal, tan tonto, tan ridículo como si fuera una buena madre y una mujer honesta», escribió George Sand en una carta dirigida a Charles Duvernet. Su hija Solange tenía entonces cuatro años. Sabemos que sus relaciones fueron complejas. En un principio, el don incondicional de sí mismo se convertirá en los cimientos del equilibrio de la pequeña niña. Winnicott nos recuerda que el «verdadero yo» del niño se relaciona con la forma en que la madre anticipa y satisface las necesidades del bebé. Sin duda, es esencial este momento en que el pequeño cree que su cuerpo no se ha desligado del cuerpo materno. El primer espejo que se le ofrece es la cara, los ojos y la sonrisa de su madre, es decir, una mujer de su mismo sexo. **En estas personas del mismo sexo, la tentación de la confusión puede ser fuerte si la madre no ha saldado sus cuentas con el pasado. Y esto podría afectar a la evolución de la pequeña hacia su propia autonomía. La madre, en el primer mes de vida de su hija, actuaría más bien como una madre abusiva, que se mira en su hija más que mirarla para reconocerla.** Una vez más, las heridas emocionales no resueltas con su propia madre pueden pasar factura. En este sentido, es importante solventarlas, y para ello el apoyo terapéutico puede resultar de ayuda, ya que de este modo la madre será capaz de demostrar esta dedicación incondicional.

Tras los primeros meses ya no somos las mismas

«No sólo no eres una prolongación de mi cuerpo, sino que tú no eres yo, a pesar de que tenemos el mismo sexo». Éstas son las palabras que podría susurrar a su hija cualquier madre consciente de que es hora de dejar atrás el tiempo indiferenciado de los primeros meses. Se trata, en efecto, de tomar más distancia para que el bebé pueda despegarse de su madre. Lo que «amenaza» en la pareja madre e hija es «lo idéntico». Ha llegado el momento de dirigirse hacia la diferenciación. No nos cansaremos de enfatizar lo suficiente, siguiendo a Freud y Lacan, que el padre debe jugar su papel en esta pareja, incluso a pesar de que, según Naouri, él es el «alborotador» con el que hemos de tratar. Recordemos las palabras de la psicoanalista Caroline Eliacheff y de la socióloga Nathalie Heinich: «La relación madre-hija, para ser factible, se debe jugar a tres bandas: madre, hija y padre». En definitiva, la actitud, las palabras y las acciones del padre o sustituto son lo que permitirá al bebé, en el momento del destete, centrarse en otra cosa, en los demás, en el mundo. El padre será esa ventana abierta al mundo y también la autonomía, sin la cual pesan la amenaza de la fusión y la alienación. El padre pone un límite, gracias a su presencia psicológica que desvía la mirada de la pequeña hija hacia él y a otra parte. Hace salir del «principio del placer», de la primera necesidad, de la dependencia, para caminar hacia el «principio de realidad», hacia la autonomía y la feminidad. La madre debe ser capaz de aceptar a esta tercera persona, y realizar un duelo con su primera relación fusional. Para ello, ella debe ser adulta psíquicamente, como ya se ha dicho. Debe ser consciente de su propia historia con su madre cuando era pequeña, de sus carencias, de sus heridas, y a veces de su culpabilidad no solucionada por haber sido demasiado (mal) querida. **La hija no debería convertirse en un par de muletas o en la enfermera de la madre durante toda la vida.** La literatura realista francesa del siglo XIX ofrece un gran número de novelas en las que las mujeres sólo existían a través de la maternidad, sometidas a lo que la sociedad esperaba de ellas, unas madres y unas esposas modélicas sin ninguna otra salvación. Cuando un personaje femenino va en camilla descuida a su hija, al buscar vivir de manera desesperada, de acuerdo con las expectativas de su entorno social: Emma Bovary es un ejemplo. En otras palabras, es importante tener en cuenta, una vez transcurridos estos primeros meses, la necesidad de existir como otro, como mujer, de un modo paralelo a su compromiso con la maternidad. El camino no siempre es fácil cuando su propia historia familiar está afectada y el modelo materno es débil, cuando incluso a veces conduce a la clonación o al abandono.

Es importante aprender a descondicionarse, a liberarse, a romper psíquicamente la influencia de la madre. Es necesario romper con la culpabilidad, expresar los resentimientos para liberarse y analizar el pasado: se trata de pasar por una serie de etapas con el fin de permitirse ser un poco más una misma, y de esta manera ayudar al bebé a que pase con éxito la fase del destete, de la mano del padre. Ya no se debe estar completamente disponible como en los primeros meses. La clave está en desarrollar este equilibrio: se debe estar ahí sin agobiar; no hay que invadir, sino también preocuparse por el bebé, pero aceptando al padre y a los otros, sin jugar a ser una Medea decepcionada y vengativa.

En la adolescencia hay que acompañar sin querer confundir…

La adolescencia es un momento de metamorfosis después de un período de latencia, una fase de transformaciones fisiológicas en la que interviene el cambio hormonal y en la que la joven niña va a ver cómo se despierta el conflicto edípico que hasta ahora ha permanecido latente. Cabe señalar que el riesgo de no comprensión madre-hija es importante en una época en la que a veces falta la autoridad encarnada por el padre como figura que separa. Además, se trata de un momento en el que prevalece todo lo que se puede vender en nuestra sociedad de consumo. Ésta, que sirve al capitalismo financiero, se vale peligrosamente de la famosa «complicidad» existente entre madre e hija: se alteran **los puntos de referencia generacionales**, ya que muchas madres rechazan como pueden el envejecimiento: no están en el lugar correcto y a veces compiten con su hija, que sufre con esta confusión. Las caras operadas que desfilan por la pequeña pantalla dan la impresión de que la edad no tiene edad, y que permanecer en el candelero es engañar a las arrugas, proporcionar un rostro sin historia. Como si la vida no tuviera historia. ¿Pero quién es la chica y quién la madre en este laberinto en el que son dudosas las identidades? **La madre que imita a la hija de manera inmadura hace un flaco favor a la adolescente. Ya no realiza su papel de madre y no ofrece seguridad. Es necesario evitar borrar las marcas generacionales. Veamos cómo.**

Adoptar la práctica de «ni... ni...»: ni demasiado cómplice, ni aglutinadora, ni metomentodo

Evitar la competencia: la edad, la actitud, el lenguaje, las aficiones...

Jugar a la discreción. Como madre, puede ser una manera para que la adolescente descubra su propio cuerpo y sus marcas, para que escuche su deseo y pueda ser autónoma. Por supuesto, ya no estamos en los tiempos en los que Françoise Dolto tuvo que escuchar las palabras de su madre, que le prohibían estudiar, y que la acusaba indirectamente de la muerte de su hermana enferma, porque no había rezado lo suficiente. En este caso sabemos cómo sigue la historia, puesto que ella, a pesar de todo, decidió emprender estudios de medicina. Y, sin embargo, en la actualidad se observa que la diferencia de edad parece querer reducirse todo lo posible: las niñas juegan cada vez desde más temprana edad a convertirse en una pequeña mujer con tacones, en parte debido a las jugosas industrias de la moda y los cosméticos, y, por su parte, las madres se conservan jóvenes cada vez durante más tiempo. Durante la adolescencia de la hija **es fundamental que la madre acepte su edad, ya que ello no restará valor a su feminidad.** Debe rechazar la competencia, que, por otra parte, puede proporcionar unas apariencias engañosas: demasiada preocupación revela ingerencia, y, por otro lado, no se permite la diferenciación si existe una voluntad de imitar a su hija en cuanto a la elección de su indumentaria, su manera de hablar, el ocio o sus modelos. **Este temor exacerbado a envejecer puede revelar que algo en su interior no pudo realizarse:** en la adolescencia, una niña hace que su madre mire hacia el interior de su hija por el hecho de convertirse en mujer. Es necesario revisar la historia y aceptar que el pasado es el pasado. Pero, ¿dónde nos encontramos en cuanto a la feminidad y el matrimonio? **El hecho de existir como mujer anhelante es crucial para la construcción de la feminidad de la hija.**

Cuidado con las complicidades nefastas de apariencias engañosas...

Por tanto, es un buen momento para hacer un balance lúcido y honesto de las insatisfacciones personales sobre proyectos que no se han llevado a término, o «deseos singulares» que vuelven a aparecer. Proporcionar los medios para relanzar los proyectos y autorizarse a recuperar el movimiento en sí, poniendo en duda su deseo de cambiar, hasta el punto de la autoestima, la confianza en uno mismo y la pasión por la vida laboral pueden ser de ayuda para evitar compensar imitando a la hija o querer invadirla con, aparentemente, demasiados buenos sentimientos. A la niña le causa angustia constatar que su madre es un reflejo de ella misma. Ésta es la famosa «amenaza de lo idéntico» que puede evitar la autonomía y la elección personal. Y esta famosa complicidad aparece en vallas publicitarias para vender la misma ropa y poner a madre e hija en el mismo lugar. Naouri observa cómo se puede hacer realidad que las «chicas mayores se independicen de sus madres». **Esta intervención debe tener también sus límites.** Una no es la otra, y llevarse bien en una época en la que ya se ha vivido mayo del 68 no es sinónimo de unión. **Entre una madre y su hija no es recomendable confundirlo y compartirlo todo. Si no, ¿cómo podrá la chica construir su intimidad, su autonomía?** Está lejos el comportamiento «incestuoso» latente, como ya ha señalado el psicoanalista autor de *Las niñas y sus madres*. La intrusión puede adquirir un tinte engañoso y seductor: la madre se considera invasora, siempre dispuesta a intervenir y a compartir el ocio, la ropa, el punto de vista o los amigos. En el fondo es una manera de seguir teniendo atada a su hija para que no pueda escapar. **Crecer es diferenciarse.** Precisamente esto es lo que una madre debe aprender a comprender para poder acompañar de manera adecuada. Señalamos que, de manera paradójica, era más fácil desligarse de la madre antes de la década de 1960, cuando las generaciones se enfrentaban para rebelarse contra las actitudes conservadoras: era el momento en que las madres ordenaban a sus hijas bien educadas que reprodujeran el modelo. Rebelarse permitía encaminarse hacia una misma, siempre que se fuera consciente de su miedo y que no se «convirtiera» en su madre. **Hoy en día se correspondería a las chicas que se dicen a sí mismas que tienen la mejor madre del mundo.** En efecto, ¿cómo evitar la culpa de tener que traicionar a alguien en apariencia tan cariñoso, cuando quiere tanto bien para el otro? **Sin embargo, las chicas deseosas de seguir su propia vida deben trabajar para evitar sentirse culpables.** Crecer es ir hacia una misma, lo que no impide el afecto y compartir ciertas cosas de la vida, cada una conservando su vida y su intimidad.

Se trata de mantenerse fiel a los valores establecidos, y acompañar a la metamorfosis

Se entenderá que ser madre de una adolescente supone jugar con muchos matices y tener muchas habilidades. En este sentido, cualquier chica que crece debe poder sentir **la confirmación de los valores fundamentales establecidos en la infancia: el sentido del respeto, del esfuerzo, del coraje y del amor hacia el otro.** Ella introducirá a terceras personas con respecto a las cuestiones de la sexualidad. Françoise Dolto en su época recordó que un ginecólogo conocido se convirtió en el interlocutor con el que se informó de una intimidad que era necesario preservar. No hay duda de que es mejor no repetir el ejemplo del escritor Diderot, que se comprometió a educar él mismo a su hija Angélique sobre «ser mujer», según escribió en sus *Cartas a Sophie Volland*. Debe respetarse la intimidad, como, por ejemplo, el deseo de retirarse al dormitorio. **Del mismo modo, los primeros novios deben aceptarse sin ningún tipo de juicio o voluntad de orientación,** ya que de lo contrario se interpretaría como una manera de controlar y de evitar que la niña crezca y se identifique con sus propios deseos. Ciertamente, Naouri, como ya hemos dicho, sugiere que la elección de pareja será lo que dará la impresión de haber encontrado a una madre consoladora y cariñosa. Según Freud, es necesario que la progenitora acepte retirarse, para que su hija ofrezca su ternura a otra persona. Y esto en un momento en el que se multiplican los nuevos modelos de familia, donde el padre no juega su papel como separador. Tengamos en cuenta, sin embargo, que durante la adolescencia, después del período de latencia, la relación puede ser conflictiva, debido a la reactivación del complejo de Edipo. La madre debe aceptar los gritos y el mal humor que hacen que su hija entre en el juego de la competencia: si se dirige hacia el padre, podrá encaminarse hacia alguien diferente. La madre ha de aceptar no ser la única referencia, al contrario de lo que ocurría en la infancia, en la que era imitada por una niña fascinada por el gran misterio de la mujer. Es necesario establecer un duelo. Así, la mariposa saldrá de la crisálida. Pero antes, la joven debe buscarse y aprender a aceptar la metamorfosis de su cuerpo (que o bien tiende a esconder o a mostrar), ya que esto le resulta inquietante y al mismo tiempo excitante. El mejor acompañamiento no será juzgar de manera negativa. Estas posiciones extremas no son problemáticas ni tampoco largas, repetitivas, o están asociadas a otros síntomas; en este caso, se puede considerar la terapia. **En cualquier caso, la madre se mira a través de la hija.** Esta joven chica que se abre a su cuerpo y a su madurez como mujer en algunas ocasiones se convierte en un espejo doloroso: «Espejito, espejito, dime quién es la más bella...». Por tanto, cualquier madre que no haya conseguido realizarse, que esté insatisfecha, corre el riesgo de encajar mal la fuerza de la feminidad de su hija, a quien juzgará. Entonces, **será conveniente que la propia madre realice un balance lúcido de sus dificultades personales con el fin de no proyectarlas sobre la que es carne de su carne... En ocasiones se precisa ayuda para mejorar la relación y no confundirlo todo.** Además, durante este período de cambio, se desarrollará el diálogo sin necesidad de forzarlo. Debe estar disponible, aunque de manera discreta, una madre susceptible de ser «aceptable» o «suficientemente buena», en palabras de Winnicott. Además, ésta se puede ofrecer como acompañante o tutora. Consideremos el testimonio de Elise, que habla de su relación de apariencia engañosa con su madre:

Entre mi madre y yo, nuestra relación era «ven aquí, vete de aquí». En otras palabras, una relación pasional. Cuando yo era niña estaba fascinada por ella, y la admiraba como modelo. Quería ponerme sus zapatos, sus vestidos, su perfume. Me conformaba con todo lo que ella me decía que hiciese. Tengo que decir que no me dejaba apenas expresar, lo que me dolía, ya que parecía que quisiera hacerme a su imagen y semejanza, que quisiera modelarme a su elección. Todo estaba hecho con un amor y una atención interesados. Cuando era adolescente comencé a opinar, me atreví a tomar decisiones diferentes, y esto lo consideró como una declaración de guerra. Como ella había estado siempre muy solicitada, creo que me sentí culpable de haberla abandonado, al darme cuenta de que había vivido a través de mí. Entonces, de alguna manera me sometí, no escogí mi vida. De hecho, tuve una crisis después del nacimiento de mi primer hijo, y me cuestioné muchas de mis decisiones, tanto profesionales como emocionales. Me llevó tiempo aprender a distinguir lo que pertenecía al campo de la pura reacción y lo que eran mis deseos personales. Una terapia durante varios años me ayudó a avanzar hacia mí misma.

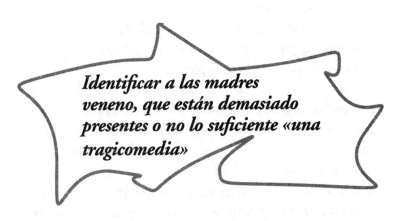

Identificar a las madres veneno, que están demasiado presentes o no lo suficiente «una tragicomedia»

Juguemos durante unos instantes a esbozar algunos retratos de madres llevados al extremo, de alto riesgo y con desastres anunciados, para proporcionar algunas claves a aquellas chicas que quieran reflexionar. En estas páginas haremos gala del humor, ya que, como dijo Rabelais en su época, «¿Qué será de mí sin la risa». Es evidente que el buen humor pone distancia y a veces ayuda a dar un paso atrás… Veamos algunos casos.

No saber a qué santo encomendarse, o la madre paradójica…

Este tipo de madre nunca está donde lo esperas, habla y dice lo contrario, es la madre en movimiento, pantanosa; en definitiva, la madre cambiante. Es aquella que después de propinarte una bofetada te ofrece un caramelo. Obviamente, tiene la costumbre de ser sobreprotectora, y agota para conservar a su hija bajo su dominio. Al mismo tiempo, demuestra hasta cierto punto su valía. **De hecho, en ella domina la ansiedad, que arroja sobre los otros, con una imagen fragmentada de ella**

misma. Es indecisa y cambia de rumbo constantemente, del mismo modo que cambia de color de pelo; además, reina la inconstancia. Da una orden y después otra, indica un camino, una vía, y decide tomar un camino lateral. Siempre sabe lo que es bueno y lo que es malo: «No, hija mía, no irás a *bailar*», dice, lo que recuerda el título de la película de Christophe Honoré. Obviamente, se entromete en todo, inspecciona las habitaciones, los horarios, los diarios íntimos, pregunta y quiere saber con quién está su hija. Se mete en todo, y adquiere el papel de entrenador improvisado las veinticuatro horas del día. Se cree una reina omnisciente, lo sabe todo acerca de cualquier cosa y es la reina de las certezas acerca de su hija, a quien devora como si se tratara de Saturno. **Para huir de ella se requieren malabarismos, y un trabajo sólido para intentar salvarse; hay que aprender a quitarse el sentimiento de culpa hacia aquella que se queja por no ser correspondida, y construir una base de autoestima para atreverse a tomar sus propias decisiones de chica más emancipada y menos dependiente psicológicamente.**

La madre pegajosa para la pequeña reina en la que se ha invertido mucho

Este tipo de madre es aquella que se pega durante muchos años, la madre que se asemeja a un tarro de miel. Se puede considerar demasiado madre, puesto que lleva la maternidad a flor de piel. Ha ocupado todo el lugar, y ha dejado a la mujer en una fase larvaria. **El desarrollo de la feminidad para esta madre supone un problema, ya que ha perdido todo al convertirse en madre.** Ella, que no tiene pene, ha tenido hijos para compensar esa carencia, y tanto el niño como la niña serán su sustituto. Pero no le importa. No ha sido capaz de desarrollar una vida propia y lo compensa con el sentimiento de poder existir en algún lugar siendo ella misma, a veces tras ser víctima de una madre abrumadora. Duda, sin saberlo, de ella misma, ya que tiene una imagen deteriorada de su persona. Cuida de sus hijos y es omnipotente. El macho tiene poco que decir, es inconsistente y está ausente psicológicamente, porque es la esposa la que manda. O bien ya no está con ella porque ha huido o porque ha fallecido, y la niña se convierte en una especie de «alimento afectivo» de compensación, para usar las palabras de Cyrulnik. Uno piensa en la viuda Madame de Sévigné, que profesó hacia Madame de Grignan, su hija, un amor posesivo y exclusivo. En cualquier caso, esta madre se anticipa a los deseos de su hija, o **no le permite tenerlos,** ya que, como nos recuerda Lacan, «el deseo es carencia». Esto significa que para desear y desarrollarnos necesitamos ser destetados, aceptar las molestias y aprender a tener paciencia, sentido del esfuerzo y expectativa. Sin embargo, la ley, la autoridad, requiere la intervención de terceros, en este caso del padre. Pero éste no se plantea ocupar su lugar y liberar a la niña de las manos de su madre. Ésta la tiene unida a su persona, le da consejos de todo tipo, le hace la vida más fácil y le da el biberón de por vida, lo que **crea un estado de dependencia psicológica que resulta amenazante.** Éste es el tipo de madre mortal con una tendencia incestuosa latente que impide que su hija crezca para individualizarse y despegarse de ella. **El problema es que la madre hace que la hija la necesite, que conserve la pulsión de la satisfacción y, por tanto, crea dependencia.** Como consecuencia, sentirá un gran odio y tendrá dificultades para identificar sus deseos y elegir. El marido escogido también será un figurante, a veces elegido por la madre, quien reinará sobre la pareja, en cuya relación se entrometerá de cientos de maneras zalameras, y se convertirá en indispensable para la organización de la vida. En otras ocasiones, la hija permanecerá aletargada junto a su madre. Cuánto maltrato psicológico. **Con este tipo de madre, con frecuencia se produce la llamada clonación. Ser consciente de esto implica trabajar en uno mismo para romper la dependencia psicológica y pasar de la necesidad al deseo, al mismo tiempo que aceptar la frustración.**

Su credo, ante todo hacia la madre

Como persona que abandona sin saberlo y sin quererlo, actúa para existir ante sus propios ojos, para probar que tiene valor, y por ello corre de manera desenfrenada hacia el reconocimiento. Es por excelencia la madre «imposible de satisfacer», según la psicoanalista Carolina Eliacheff. Es una madre devorada, que ha sido quemada viva por una pasión personal, que siempre tiende a realizarse en proyectos ambiciosos, situando siempre el listón demasiado alto; en este sentido, está dispuesta a desplazar una montaña. Es una mujer de altos vuelos en todos los sentidos, tanto profesionales como personales, y es omnipresente. Le gusta que la admiren, ya que ella misma para quererse, para autorrepararse, depende en gran medida de la opinión que los demás tengan de ella. Su lema es realizarse en sí misma y para sí misma, sin importar a qué precio. **Con esto relega a su hija al fondo del cajón,** creando en ella, sin saberlo, un sentimiento de infravaloración. Como la hija no puede existir ni física ni intelectualmente frente a esta mujer todoterreno que hace demasiado, a veces se encamina hacia un padre nada cariñoso. Agota sus recursos para demostrarle que existe, que tiene valor, que es prisionera de un viejo sufrimiento afectivo que se ha conservado en su inconsciente. **El trabajo que tienen que realizar tanto la madre como la hija** es el que permitirá, después de la expresión de las emociones, reparar la carencia afectiva, construir la base de la confianza en ella misma, para poder formar parte de la vida y aprender a creer en ella. Es posible pensar que la madre es sólo un ser humano, con sus fuerzas, sus preguntas y su pasado, y que esto no impide amar. Para acabar con la incomprensión y la equivocación es necesario el diálogo, las palabras sencillas. **Ser consciente de que una madre proyecta su antiguo sufrimiento en su hija le ayudará a esta última a comprender lo que está en juego, siempre que pueda expresar lo que ella misma siente: sentimiento de abandono e impresión de no ser valorada.**

Mi hija, esta persona que compensa una insatisfacción

Estas madres van a ver en su hija un medio de vengarse de manera inconsciente de una vida demasiado insulsa. **A menudo sin haber desarrollado su propio ser, van a observar demasiado a su hija, pero mal.** El objetivo será, pues, resarcirse a través de una persona. También pueden compensar una vida conyugal no satisfactoria, debido a una dificultad emocional procedente de su infancia. No pararán hasta realizarse a través de su hija, que corre el riesgo de desarrollar, como dice Winnicott, un «falso self», una personalidad alejada de su verdadero potencial. En efecto, se trata de responder punto por punto a las esperanzas de una madre que desarrollará un nivel de exigencia que tarde o temprano causará un problema. La muchacha, exhibida al mundo por su madre, deberá conseguir no su propio sueño, sino los de su progenitora. Su propio deseo será enterrado antes de haberlo vivido. Todo se orientará para proporcionarle las mejores condiciones para llevar a cabo los deseos de su madre; la presión será fuerte y la muchacha pondrá toda su energía en intentar no decepcionarla, ya que tiene como misión darla a conocer. La chica tiene que realizar de manera brillante los estudios que su progenitora ha pensado para ella, quien desarrolla un talento para satisfacerla. **Esta relación está, obviamente, marcada por una gran violencia psicológica que resulta invisible,** como diría Mélanie Klein: con ello va cavando un poco su lecho todos los días. Y finalmente acaba haciendo lo que tenían previsto para ella. Así, existe un odio contenido, una culpabilidad que compromete a someterse, a no ser una misma para no decepcionar a esta madre que tiene profundas insatisfacciones que deben cumplirse. **En la adolescencia o se clona o se rompe con la madre, en ocasiones** con grandes fracasos escolares, en exámenes o en otras cosas que no se deseaba hacer. Necesariamente se tiene que estallar; en este sentido, la muchacha, a causa de la angustia, expresa a su manera la depresión, la crisis, lo que no pudo decir con palabras a su madre. Es vital ser consciente de este dolor de renunciar para poder liberarse, expresar su cólera y su resentimiento, rompiendo con la culpabilidad con el fin de acceder a uno mismo.

Finalmente la muchacha estalla y expresa a su manera, a través de la angustia, la depresión y la crisis, lo que no pudo decirle con palabras a su madre. Sólo siendo consciente del dolor de la renuncia se podrá salir de esta influencia materna. Escapar a esta presión pasa por una forma de traición psíquica para redimirse, liberarse. **Es necesario ser consciente de la culpabilidad interiorizada que impide aprender a decir no, y hay que trabajar para deshacerse de ella. Para la muchacha, se trata de abandonar el sufrimiento y de aprender lentamente a observar de cara sus propios deseos, eliminando las capas acumuladas durante años de los deseos que han sido proyectados por la madre.**

Diferentes facetas de madres «abandonadoras»

Tenemos a la eterna llorona, la quejica, que convierte a su hija en una enfermera, un médico, una sanadora a domicilio de sus eternas heridas. La vida habría hecho de ella una víctima, y, en este caso, se trata de imponerse para tener a mano los comprimidos y los vendajes. Siempre exagerando, ya que «la risa es la cortesía de la desesperación», y permite la toma de conciencia. **Todo se juega en una verdadera inversión de las funciones: la muchacha se convierte en la madre de su propia madre,** que es víctima de todo, de su padre o su madre, de la sociedad, de las personas con las cuales trabaja, si es que lo hace, o de su terrible marido, el padre de su hija… Ésta llora, se compadece y gime. Día tras día es necesario vivir con esta serie de palabras, con esta verborrea de verdadera crucificada. Entonces, ¿cómo es posible abandonar a aquella que abandona sin saberlo? Todo esto tiene que solventarlo la muchacha transformada en un servicio de urgencias ambulante día y noche. En su programa hacen acto de presencia la angustia y el agotamiento para sanar a quien la trajo al mundo, y, como consecuencia, le resulta imposible realizarse y escuchar sus propios deseos. **El trabajo de la muchacha que es utilizada de esta manera, y cuya energía se emplea en otras cosas que no son conseguir su autonomía y realizarse será el siguiente: combatir su culpabilidad de tener que abandonar a aquella que la abandona. Ésta es la paradoja de este vínculo mortífero en el que la chica está amenazada de no poder desarrollarse.** Hay casos que favorecen este estado, cuya consecuencia es que nadie en esta relación se encuentra en el lugar que le corresponde: **enfermedad, familia monoparental, muchacha nacida de un amante y no de la unión oficial.** Reconsideremos a George Sand y a su hija Solange, que fue el fruto de una relación con un amante: se sabe que fue a un internado y luego se retiró, a causa del sufrimiento desencadenado. Más tarde regresó cuando su madre estaba a punto de adoptar a otra niña por su inteligencia. Se sabe también que, más tarde, surgió cierta rivalidad entre la madre y la muchacha con respecto al romántico Frédéric Chopin. En cuanto a la novela que escribió Solange (una escritura fruto de la desesperación del deseo de ser reconocida y querida) para su madre era mediocre. Y, sin embargo, Solange se convirtió en el apoyo en la vejez en los últimos días de su madre escritora. Hasta aquí todo está dicho. **Pensemos también en los fetos que han nacido fruto de un embarazo peligroso**: niño nonato o embarazo interrumpido debido a alguna malformación. Algunas madres no habrán podido asumir esta pérdida, y no habrán podido llevar a cabo el luto del niño no presente: podrán, sin ser conscientes de ello, «abandonar» afectivamente a la niña que nacerá a continuación, como si la situación le resultara insoportable, puesto que ha ocupado el lugar del otro, que se ha convertido en un fantasma: este niño sigue viviendo una vida dentro del psiquismo materno. **Es importante ser consciente de este trauma, para poder dar un verdadero paso de amor comprometido a la niña que ha nacido después de un embarazo infeliz.** Una vez expresado el sufrimiento y la experiencia, con la ayuda de un terapeuta, será necesario encontrar palabras simples para hablar de este pasado, expresando a su hija toda la felicidad experimentada a causa de su presencia. **Es muy importante decirle que fue deseada; además, no mantener en secreto el drama del embarazo le permitirá tomar el lugar que le corresponde en la línea sucesoria.** Si se tratase de un niño, también sería necesario explicarle que el hecho de nacer niña es una verdadera oportunidad que debe vivirse, para que ésta pueda desarrollar su propia feminidad, sin anclarse en el deseo de convertirse en el muchacho que habría sido el anterior hijo de su madre…

Cómo no repetir la misma historia

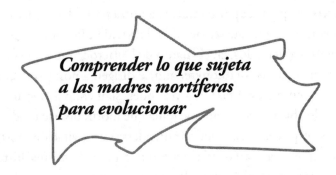

Comprender lo que sujeta a las madres mortíferas para evolucionar

Érase una vez la envidia, que quiere prolongarse más allá de la muerte...

Como ya se ha dicho, la sociedad ha permitido tanto a los hombres como a las mujeres acceder a la felicidad individual escogida por cada uno: la revolución del 68 ha roto el molde de los pesos familiares que obligaban a ser lo que los padres querían para ellos mismos. Ciertamente, el feminismo ha permitido a las mujeres, después de las numerosas contiendas que las obligaron a responsabilizarse por la ausencia de hombres, tomar en sus manos las riendas de su destino. Y, sin embargo, algunas de ellas, entre las que se encuentran mujeres cultivadas, no hicieron lo que pudieron con sus hijas, a pesar de su considerable adelanto en lo que se consideraba un terreno en manos de los hombres. Madame de Sévigné vivió unas relaciones asfixiantes con su hija. Y aún existen estas «demasiado madres» que ejercen la violencia psicológica, que toman a su hija como rehén, poniéndose firmes, e indicándoles el camino de la clonación. Transcurren los siglos sin que les salga ninguna arruga, y esto en una sociedad que se considera abierta, que ofrece a la mayoría de las personas la posibilidad de estudiar, de formarse, teniendo en un segundo plano el fantasma del desempleo y de la precariedad laboral. **Lo cierto es que la explicación está en otra parte.** La Medea que devora a sus hijos no tiene edad, ha vivido diferentes siglos y sus ojos alucinados, en el cuadro de Delacroix que se encuentra en el Museo del Louvre, aún se dirigen a nosotros. ¿Qué ocurre entonces? Érase una vez, pues, siguiendo a Naouri, el miedo abismal, visceral, que tenía que morir: de este modo, a ojos del psicoanalista, podría entenderse esta invitación mortal que se les hace a las hijas para que repitan la misma historia que su madre. A través de este cuerpo que una persona del mismo sexo ha dado a luz, y que se ha vivido desgraciadamente como un reflejo de sí mismo, es muy **grande la tentación de querer prolongarse después de la vida a través de él, si no se ha explotado lo que se es.** La imagen de la hija engendrada abre la puerta a esta ilusión vertiginosa y psíquicamente mortal para ella, que podría mitigar la angustia de la muerte que la acosa. Se trata de darle una patada a la muerte: ésta es la causa que explicaría este zarpazo realizado sobre la hija, fruto de sus entrañas, y revancha sobre la condición humana… No es, pues, de extrañar que estas madres mortíferas pasen a través de los siglos, sometidas a lo que sus madres quisieron para ellas, y al no poder realizar sus propios deseos, frustradas, reproduzcan el modelo y empujen a sus hijas a que hagan lo mismo. ¿Cómo soportar que la carne de tu carne viva su vida de un modo distinto y despierte así tus propias insatisfacciones como un espejo que te haría sufrir? Ésa es la razón por la cual el temor a la muerte es tan invasor: para aceptar morir, hay que haber vivido, haberse realizado un poco por lo que se es. **Pero una hija no es la prolongación del cuerpo de su madre;**

así, cuando caemos en la trampa de la clonación anunciada, es necesario aprender a entender. Una madre así ha de ser consciente de que su hija porta su propio sufrimiento, y tiene que reconocerlo, ya que supondría la apertura de un camino para ayudarla.

Hacer todo lo posible por conseguir una hija clónica

Evidentemente, para que este sistema de clonación funcione a pleno rendimiento y ahogue las frustraciones, debe estar en marcha el sufrimiento interiorizado de sentirse vacío, de no haberse realizado. La madre, prisionera de su omnipotencia, desarrolla el gran juego: el de la creación de una dependencia. **Dicho llanamente, no se produce el destete.** No le interesa ver cómo su hija se convierte en autónoma. No se trata de hacer una mujer libre, una Antígona, una rebelde al orden que transmite esta madre que «lleva los pantalones». A menudo, el padre es apartado de un manotazo, porque no tiene nada que decir y no pone las cosas en su lugar, o, dicho de otro modo, no juega su papel de separador entre la madre y la hija. Todo se encaminará de tal modo que la hija permanezca pegada a ella, que dependa de ella psíquicamente. Se quedará en la pulsión, en la necesidad de satisfacer de inmediato el principio del placer freudiano. Para identificar su deseo hay que aceptar el límite, la coacción, y, por tanto, destetarse. Entonces es posible empezar a vivir la vida uno mismo y aceptar los esfuerzos, tener paciencia y arreglárselas con el tiempo. Así, ante el padre que dice «no», la respuesta será «no pasarán». La hija aprenderá de memoria el credo de su madre y lo hará suyo, pues no tendrá recursos para la consecución de sus deseos. Para ello, sería necesario que ya no fuera más dependiente de su madre, quien en ocasiones se ha impuesto durante toda la vida. Hay cientos de ejemplos de estas madres totalmente preparadas para doblegarse con el fin de facilitar la vida de sus hijas; de este modo, éstas se sentirán culpables ante la idea de vivir de un modo diferente al que dice la madre, que la (mal) quiere tanto. En realidad, consiste en poseer, y no en querer, y durante la adolescencia no se tratará de contracción ni de discreción, sino de invasión e intrusión. **Es un sutil y perverso escenario, a menudo no evidente a simple vista: se trata de madres irreprochables que todo el mundo, desde el exterior, considera excelentes...** santa madre. La clonación es tan confortable y culpabilizante que muchas hijas están de acuerdo en permanecer en pulsión de dominio, incluso aunque porten en ellas ese «odio» del que hablaba Mélanie Klein. «A santa madre, hijo perverso», decía Lacan, e hija confusa, entre la fascinación y el odio interiorizado, se podría añadir. En estas familias, en ocasiones la hija decide escaparse, rebelarse para ver algo distinto en el exterior. Las palabras de Armelle son interesantes:

Viví en el seno de una familia de niñas en la que mi madre reinaba como gran sacerdotisa en el arte de vivir. Estaba llena de certidumbres, indicaba el camino que debíamos tomar e imponía sus elecciones de tal modo que parecía que eran las nuestras. Para que funcionara el sistema, nos compraba literalmente, es decir, se convertía en indispensable. No deseábamos nada, no nos dejaba respirar ni pensar en nuestros deseos. Como ofrecía una imagen de su persona tan seductora, en el fondo la admirábamos. Y por nuestra parte estábamos agradecidas de todo lo que hacía por nosotras. Nunca le faltaban ideas ni inventos para llenar por completo nuestra vida. Nunca teníamos tiempo para aburrirnos y, por tanto, para sentir algo personal. Estudios, ocio, saber vivir, valores sobre el mundo, juicios sobre los demás, a quién frecuentar y a quién rechazar: era un verdadero manual ambulante para vivir y pensar. Fui yo la que un día saqué la cabeza de las aguas pantanosas bajo las cuales me mantenía mi madre a base de tentáculos envenenados. Fueron dos profesores los que me mostraron otras cosas en mi adolescencia: otra manera de ver el mundo, tolerancia, apertura. Entonces empecé a sentirme asfixiada en casa, donde tenías que parecerte a todo el mundo, aunque me sintiera vagamente culpable cuando tenía ganas de hacer otra cosa. Entonces fui pura y simplemente rechazada por mi madre, que se sentía amenazada: alusiones, culpabilización, recuerdos del pasado, de lo que ella se entregaba a sus hijas, reproches, poniendo a mis hermanas en mi contra. Utilizó todo para que volviera al redil. Abandoné este ambiente muy pronto, me puse a trabajar, y después retomé los estudios por las noches, para alcanzar mi deseo. Tuve que irme para no dejarme la piel en este altar de sacrificio.

En el escenario de «las cuatro hijas del doctor March», Armelle es en todos los aspectos el personaje de Joe la Hondera. **Una hija que ha caído en la tela de araña de una madre aplastante puede salir de ella a través de la rebelión y del aprendizaje de «saber decir no» para encaminarse hacia ella misma.** Hay que trabajar para reconstruirse; de lo contrario, es muy posible reproducir el esquema de la madre o incluso convertirse en un personaje digno de la película *El pianista*, inspirado en la novela de d'Elfriede Jelinek e interpretado por una sutil Isabelle Huppert: estar condenada a hacer sufrir al otro de un modo sádico porque se ha sido víctima de una madre perversa, que habrá hecho mucho daño, hasta llegar a la asfixia.

Acabar con la influencia de la madre araña ayudada por la época

La única posibilidad de no someterse más consiste en rechazar, aprendiendo a hablar otro idioma, el de la independencia, lo que requerirá cierto esfuerzo, por el que no habrá tenido que preocuparse, pues, como ya se ha dicho, se le habrá facilitado la vida con el fin de comprar el silencio con una culpabilidad bien afianzada. O, aún más, aquellos esfuerzos que parecerán naturales serán los que, gracias a una educación, la madre araña habrá hecho que su clonación considere naturales. Una chica, para una madre llena de prejuicios, incluso aunque haya vivido mayo del 68, tendrá por misión convertirse en una futura ama de casa, digna de los tratados de buena educación del siglo XIX. Así, las labores del hogar y las ocupaciones de una jovencita formal en ciertos medios serán esfuerzos (que en el fondo no lo serán) que se tendrán que transmitir de manera natural de madre a hija. Sabemos que el reparto equitativo de las tareas del hogar en las parejas está lejos de aplicarse en todas las clases sociales: **en este sentido, internet, los portátiles, los Ipad, los blackberrys y las tabletas, y las consolas de videojuegos que han conquistado el espacio doméstico se pueden convertir en el cordón umbilical que permite a la madre conectarse con su hija las 24 horas del día para darle consejos sobre todo y sobre nada.** En una palabra, le posibilita ocupar todo el terreno, todo su espacio psíquico. También es posible interactuar en Facebook o en cualquier tipo de medio interactivo para controlarla… ¡Cuánto sufrimiento y cuánta violencia psicológica en estas relaciones que no respetan la intimidad! Es necesario que la hija rompa con esta influencia siendo consciente de que no le pertenecen los sufrimientos proyectados por su madre. Tiene que desprenderse del lastre como si se tratara de unas pesadas maletas que hubiera confundido con las suyas propias. Es necesario poder hablar, expresar los sentimientos, mostrar la cólera y los reproches con el fin de encaminarse hacia otra cosa distinta. En definitiva, hacia una misma. Esto supondrá una indagación personal que permita ser consciente de todo este odio reprimido y que posibilite desligarse de él para poder volver a construirse a partir de lo que se desea.

Madre omnipotente o huir de la pregunta
«¿Qué es una mujer?»

Es necesario, obviamente, mencionar esta cuestión esencial de la feminidad: ¿qué hacer con ella? Ésta es la pregunta que evitan plantearse estas madres que asfixian, que viven con su hija una relación que ahoga. Tal y como ya se ha dicho, como si se tratara de amazonas o de guerrilleras equipadas de una cota de malla invisible, no dejan lugar ni al hombre, ni al padre. El hecho de dejar este lugar al padre para permitir que la hija pueda destetarse y encaminarse hacia su autonomía y su feminidad supone que ella misma sea una mujer capaz de comprometerse a nivel afectivo, es decir, implica no tomar distancia en relación con su hija, apretarla contra ella con una especie de presión mortífera que funciona como un juego de transferencia. En definitiva, lo que no pudo tener lugar en la relación de pareja, es decir, el abandono como mujer que deseaba a un hombre se verá compensado por una relación de tipo «incestuoso». Cuando una madre se convierte, psíquicamente, en pareja de su hija, invirtiendo la relación, evita el cuestionamiento de su propia feminidad incumplida. Es la estrategia de la evitación. Ella es, sobre todo, madre y una mujer incompleta. A veces, las apariencias revelan el travestismo. Una madre puede así mostrarse erótica frente a su propia hija, en una dirección histérica, es decir, ultrajada de esta feminidad, de la que en el fondo duda sin saberlo. Se trata, entonces, de madres que seducen por su indumentaria, su maquillaje y su comportamiento ambiguo. Ellas mismas se buscan en la mirada de su hija. Ya se sabe que se encuentran en un lugar ambiguo, poco menos que mortífero. En definitiva, se trata de una confusión en los papeles, de un problema de identidad. ¿Cómo puede una hija individualizarse, construir su propia feminidad dirigiéndose hacia el padre si al mismo tiempo continúa como esclava de su madre? Recordemos, como dice la psicoanalista Corrine Maier en *Le divan c'est amusant, Lacan sans peine*, que «ser mujer es difícil de asumir», lo que explica que a veces ella desee tener hijos para poder llenar una carencia: según Freud, el hijo es el sustituto del pene que ella no tiene. ¿La maternidad sería una solución satisfactoria para la feminidad al ocultar la negación? Estas madres, que son más posesivas que acompañantes y afectuosas, en buena medida impresionan a su hija hasta el punto de fascinarla, conduciéndola a la trampa de la falsa idea de una madre de feminidad extrema, inigualable. Es una madre idealizada, fantasmal, digna de las mitologías del mundo, muy sólida. Cuando llega la adolescencia, todo se complica bastante. La muchacha intenta distanciarse para convertirse en ella misma, y, en ese momento, la presión será muy fuerte: vigilará su atuendo, su divertimento y las personas a las que frecuenta; en definitiva, la muchacha no podrá elegir de manera libre. **Su cuerpo, que se feminiza, y su palabra, que se afirma, ofrecen a la madre omnipotente un espejo en el que se revelarán sus sufrimientos personales.** Su hija se convierte en una rival, con quien tiene que entrar en una especie de competición, a causa de la duda en cuanto a su propia feminidad, que la golpea ligera e inconscientemente. La situación difícil puede desembocar en la sumisión de la muchacha culpabilizada por su madre, que se las arregla para hacerse indispensable y que la hija continúe siendo dependiente. Es decir, se corre el riesgo de condenar a la hija a que sea el clon de su madre, o también a que renuncie a ella misma. Se corre el peligro de vivir una triste historia de mujer inexistente, unida toda su vida a su madre, sin proyecto para desarrollarse, viviendo sólo como si fuera una sombra. **También es posible que la hija se rebele para afirmarse, y, en** este sentido, se sabe que las muchachas que pudieron tomar este camino consiguieron construir una vía personal y se convirtieron en ellas mismas. A veces el precio es el alejamiento, sabiendo que es necesario el cuestionamiento personal para liberarse psíquicamente, en particular cuando se convierte en madre: es el momento en que se despiertan los conflictos psíquicos no solventados. Escuchemos las palabras de Laura, que menciona su camino para escapar de la mirada paralizante de su madre narcisista:

Guardé de mi madre el recuerdo de una mujer que llevaba los pantalones, por así decirlo. Pero los llevaba de manera sutil, ofreciendo la apariencia de una feminidad extrema, siempre brillante, como si desempeñara un papel permanentemente. Yo lo era todo para ella, pero sentía que no me observaba por mí misma, sino que pretendía tranquilizarse sobre su imagen. Era inaccesible. Sus relaciones con mi padre eran muy frías. Difícilmente le dejaba un lugar, y competía con él cuando se trataba de jugar o bromear conmigo. Recuerdo que era necesario que ella tuviera siempre el papel principal, que tomase las decisiones. Al mismo tiempo, estaba fascinada por ella, por la forma en que se vestía y se maquillaba, como si fuera una actriz de cine. Ella había decidido consagrarse a mí y a mi hermana, y, por consiguiente, no trabajar. En la adolescencia las cosas se estropearon. No soportó que me transformara. Fue una guerra abierta. No podía ver que eligiera una indumentaria diferente a la suya o que decidiera en cuanto a los amigos y las relaciones. Rápidamente comenzaba a criticar. Yo sufría, tímida y discreta, ya que no confiaba en mí misma. Incluso intentó seducir a un novio que había traído a casa. Acabé casándome con un muchacho un poco gris que me no convenía, pero que para ella era perfecto. Nuestra relación cambió rápidamente después de la llegada de nuestro primer hijo, con motivo del proceso de divorcio que yo inicié, para no ser lo que mi madre quería que fuera. La terapia analítica me hizo crecer. Necesité tiempo para romper con mi culpabilidad y desarrollar mis propios proyectos. Comprendí que mi madre estaba llena de frustración, que había dejado su feminidad en el armario, y no se había realizado ella misma; yo no había sido más que una compensación, un vendaje, una cosa entre sus manos. Más tarde empecé una formación, para convertirme en autónoma, ganarme la vida, y realizar mis deseos personales.

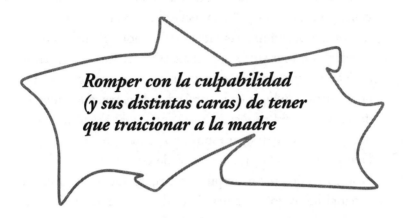

Romper con la culpabilidad (y sus distintas caras) de tener que traicionar a la madre

Liberarse de los brazos de una madre demasiado cómplice

Hemos mencionado en esta obra estas relaciones de apariencia seductora, llenas de miel y suavidad, **de unas madres que siguen siendo el pilar falsamente luminoso y fuerte de la vida de su hija,** con las cuales comparten demasiado, lo comparten todo, hasta comprometerse en cuerpo y alma en su intimidad. Estas relaciones de colega, fomentadas por la sociedad de consumo, que ve el gran número de ventas, deben tenerse presentes con lucidez, aunque el precio a pagar sea alto; en efecto, no es fácil renunciar a un vínculo caracterizado por la dependencia psíquica. En cierto sentido, se asemeja al bebé que desea el seno materno para tranquilizarse. Sin embargo, sólo se podrá vivir una vida más autónoma aceptando que cada una pague por su propia cuenta en esta relación que a menudo toma el lugar de la pareja. **Cuando la madre lo es todo en la vida de su hija, cuando llega la edad de la madurez ya no hay lugar para otras personas.**

Y esto incluso si este lugar está ocupado por una presencia demasiado envolvente y afable. Este tipo de relación demasiado aglutinadora, nos recuerda Naouri, es de una gran violencia y trae consecuencias nefastas. ¿Cómo comprometerse, por tanto, con una verdadera vida amorosa o profesional? A veces, con motivo de una fractura de este tipo, se revela el carácter de doble filo de este vínculo asesino. Un esposo que no encuentra su lugar en la pareja debido al personaje invasor de su suegra será propenso a traicionar y al abandono, algo que puede suceder si su esposa no se desligó de su madre. Freud habría dicho que un poco de esta «ternura» debe de buscarse en otra parte, después de dirigirse hacia el padre, que le habrá indicado la vía del Otro, de algo ajeno a la familia. Muchos divorcios son el resultado de este entramado madre-hija. Puede también ser un fracaso relacionado con uno mismo. Es necesario, entonces, ser consciente de que esta relación de demasiada proximidad mental puede evitar el desarrollo personal y que amenaza la construcción de una pareja. Esto revela, pues, un aprendizaje de autonomía para **deshacerse de un vínculo que no está donde le corresponde, así como de una dependencia que se asemeja a una droga más o menos dura.** Hay que aprender, progresivamente, y cada día, a destetarse a través de actos concretos, planteándose, al mismo tiempo, cuestiones sobre este vínculo de unión, acompañada, si es necesario, por un especialista terapeuta: es una vía ciertamente difícil para transformar esta relación simbiótica. Hay que aprender poco a poco a tomar decisiones por una misma, a no estar de manera continua aconsejada por la madre y a no conectarse cada día a este cordón umbilical facilitado por todas las comodidades propias de la alta tecnología. También deben intervenir terceras personas con el fin de ocuparse de los niños, sin dejar que los vigile exclusivamente la abuela, lista para estar siempre presente, para marcar su diferencia. **En pocas palabras, aprender a romper el reflejo en forma de pulsión infantil de la llamada a la madre y proteger su intimidad.** En definitiva, es hacer el aprendizaje de un destete psíquico que no ha tenido lugar durante la infancia por diversas causas: familia monoparental, padre ausente psicológicamente, madre enferma, sufriendo de manera continua o no realizada como ser o como mujer, algo que habrá compensado haciendo, sin saberlo, de su hija su persona adorada. **Habrá que pasar por un período de toma de conciencia dolorosa, de sentimiento de una falta abismal a la que será necesario enfrentarse antes de intentar comprender las razones, y superarlas con el tiempo. El acompañamiento terapéutico será el hilo de Ariadna en este programa de desintoxicación que exige valor, para pasar de la satisfacción de la necesidad inmediata al deseo diferido. Es un paso que debe realizarse cada día.** Se trabajará la culpabilidad. Recordemos a Naouri, el psicoanalista que explica que cuanto más se dirige la muchacha hacia su liberación, más se desarrolla la culpabilidad, lo que refuerza la determinación de la madre de clavar aún más profundo el clavo. Finalmente, será esencial poder expresar, cuando llegue el momento, sus sentimientos y emociones negativos frente a su madre, para que la relación pueda transformarse con el tiempo. Está en juego toda una vida personal, la realización de una misma, el éxito de una pareja comprometida por el deseo y la entrega. El testimonio de Hélène es elocuente:

A los treinta y cinco años, después de diez años de matrimonio que me condujeron al divorcio, me di cuenta de que mi relación con mi madre, a quien creía maravillosa, estaba basada en una dependencia que me hacía incapaz de elegir por mí misma. Tuvimos una complicidad total desde la infancia. En realidad vivíamos como una pequeña pareja, incluso cuando yo ya estaba casada. Le explicaba absolutamente todo de mí, y ella hacía lo mismo. Era un ama de casa que vivía a través de mis consecuciones, que en parte había orientado ella. En realidad, no sabíamos lo que quería decir intimidad. Múltiples llamadas telefónicas durante el día y en cualquier momento, confidencias, favores constantes, el mismo color de cabello, vacaciones compartidas: nos creíamos las mejores amigas del mundo. Cuando mi esposo, que llevaba mal esta relación, me abandonó, fue a la vez una pesadilla y una tentación de pegarme aún más a mi madre, que me propuso que volviera a casa. Empecé a añorar a mi esposo como si se tratara de una droga. Esto se traducía en una angustia cada vez más frecuente que me dificultaba la vida diaria y me impedía concentrarme en mi trabajo y ocuparme de mis dos hijos. Entonces realicé una introspección con un terapeuta. Tardé tiempo en acabar con la dependencia psíquica, en separarme, en ajustar las cuentas con mi madre, para que nuestras relaciones pudieran ser satisfactorias. De inmediato, pude tomar decisiones personales en todos los ámbitos de la vida, pero fue necesario pasar por un período difícil. Tenía que aprender a contar conmigo misma y hacer frente a la falta para desintoxicarme poco a poco.

Distanciarse de una madre todopoderosa

Sobre la culpabilidad descansan todas las maniobras de la madre que devora, que a veces presenta las características de la personalidad perversa narcisista analizada en las obras de Marie-France Hirigoyen. **Dominar, poseer a su hija y no quererla para acompañarla hacia la autonomía, clonarla, retirarle los medios para pensar por sí misma, en cierta manera enajenarla: he aquí su programa destructivo. Se basa en culpabilizar, rebajar, hacer chantaje y tener mala fe.** Si su hija, en la adolescencia, tiene otros deseos diferentes a los de «la voz de su maestra», la reina madre todopoderosa dejará estallar su cólera, aterrorizará, recordará todo lo que le dio, la doblegará. Matará como si se tratara de una Medea contemporánea. Divide para reinar, envía una jauría, ya sean hermanos o hermanas clonadas, contra los que se habrá atrevido a divulgar un deseo contrario al de su hija. Será una muchacha maldita, señalada con el dedo… y **también puede correr el rumor** de que su diferencia puede encerrar un desequilibrio o tal vez una forma de locura. En realidad, se trata de impedir que esta muchacha rebelde abra los ojos al resto de los hermanos. Y, para eso, la madre con características perversas narcisistas no dudará en hacer todo para doblegarla. Podrá empujarla a los brazos de un hombre que considera que es el único «partido» que corresponde a los valores y a la manera de vivir que ha inculcado a su hija. Peor aún, porque incluso será capaz de seducir al hombre, quien podría elegir a la que es básicamente su «enemiga íntima», para asegurarse en su propia persona, ella que duda tanto. Pensemos en *Bel Ami*, una novela de Maupassant, en la que aparece esta mujer que es consciente de que Suzanne, su propia hija, está en los brazos de Georges Duroy, su amante oportunista. Él ha seducido a la mujer del director de *Échos* y, mientras se dirige hacia la muchacha, anhela el estatus del director del diario: «Ella iba a agarrarla por el cuello, a estrangularla, su hija a quien odiaba, su hija que se entregaba a este hombre». En realidad, lo que esta madre odiaba, sin saberlo, era a ella misma. Y esto es lo que es necesario comprender. **La única salvación para una muchacha que tiene con su madre una relación con componentes perversos y narcisistas es buscar ayuda para romper la dependencia psíquica, el papel de víctima, con el fin de buscar más tarde el fin de esta situación. Durante la adolescencia, un momento de toma de conciencia y de poner a distancia al modelo familiar, no hay que dudar en**

buscar ayuda fuera de la familia; hay que salir del silencio y hablar del sufrimiento, de lo que ocurrió. Es necesario abrirse a los amigos, para después dirigirse a terapeutas especialistas y hablar con el psicólogo escolar. Es necesario darse permiso, como muchacha, para albergar las propias emociones, para expresar la pena y el resentimiento contra la madre, para, poco a poco, ir tomando distancia. Hay que aceptar trabajar para que surja la culpabilidad oculta, para liberarse progresivamente, un paso después de otro, aprendiendo a decir no. Es preciso volver de nuevo sobre acontecimientos y anécdotas del pasado, explicarlos para darse cuenta en un momento determinado de que tienen sentido. Una vez que las emociones hayan resurgido, será posible examinar el análisis del pasado y comprender que una madre de ese tipo no hace más que evitar el espejo, para no ver hasta qué punto duda de sí misma. **Tiene, en efecto, sin saberlo, una muy mala imagen de ella misma, y por eso pasa por el chantaje, porque es necesario que su hija sea su imagen.** Esta necesidad sin límites de dominar, de amasar al otro, es un medio para escapar del vacío, a la cita consigo misma. Recordemos finalmente que la anorexia puede ser una llamada de socorro que traduce un conflicto interiorizado y no expresado frente a una madre cuando la relación funciona mal y la comunicación no existe. Puede ser una respuesta desesperada frente al sentimiento inconsciente de ser manipulada, de ser negada como persona, y expresar también un odio interiorizado. Se trata de burlar no a la muerte, como dice una canción de Maxime Le Forestier, sino a la madre, al precio de su propia existencia. La bulimia, la otra cara de este espectro de dos cabezas, puede ser también el síntoma de una dependencia psíquica que la muchacha no llega a romper, ya que la madre omnipotente no se separó para garantizar su plena dominación.

No buscar más, ni por sumisión, ni por proezas, el amor de una madre «abandonadora»

Autorizarse a expresar sus resentimientos cara a cara con la madre

Las madres que «no están presentes» han hecho correr muchos ríos de tinta y su figura ha inspirado muchas películas. Pensemos en el mítico filme de Bergman *Sonata de otoño*. En él, una mujer, después de siete años de ausencia, vuelve a ver a Eva, su hija, a quien dejó con su hermana, tras separarse de su esposo después de la muerte de su joven hijo. Se va a vivir con otro hombre, quien, a su vez, también fallece. La película saca a la luz el enfrentamiento entre Charlotte, la madre, y Eva, que sólo tiene un deseo, hacer que aparezca la verdad. Está también decidida a que su madre tome el mismo camino. Dicho de otra manera, se trata de un encuentro de adulto a adulto para liquidar temas pendientes y **ajustar cuentas con el pasado por medio del intercambio verbal.**

Esta película revela hasta qué punto es fundamental para la liberación de las emociones negativas (pena, cólera y odio contenido) que cada una trabaje para aceptar hablar cara a cara con la otra. Una muchacha que ha vivido con el sentimiento de haber sido abandonada y de no haber sido querida lo suficiente, con independencia del motivo subyacente, debe ser consciente de **que un día tendrá que ser capaz de hacer frente a su madre para expresar su resentimiento. Es el precio que debe pagar para poder dejar de ser prisionera de una actitud de sumisión que sólo es la espera desesperada de un reconocimiento, de una señal de amor.** En resumen, no se establecerá la búsqueda dolorosa y melancólica de esta mirada, de esta presencia materna afectuosa al precio de la renuncia. Cuántas muchachas ante una madre psicológicamente ausente, que sufre con su propio pasado familiar, no pudieron desarrollar lo que eran, a la espera de que por fin las reconocieran, buscando una mirada, una palabra, un apoyo… Actitudes de sumisión, vidas a la sombra de la madre, sin elecciones personales, vidas íntimas abortadas, elección de parejas con el fin de establecer una compensación o incapacidad para construir una vida emocional y personal o profesional, entre otras cosas. Tienen que aprender a no centrarse en su propia madre, a no convertirse en su propia madre reparadora, sino que deben tener conciencia y trabajar para acabar con la culpabilidad para encontrar otro lugar. Cuántas han aceptado también formas de maltrato, a cuántas las trivializaron, porque era el único vínculo, la única lengua posible para poder compartir con su madre… Pensemos en la película de Almodovar *Tacones lejanos*, donde se menciona los destrozos que una madre cantante hace con su hija Rebeca. Cuántas han desarrollado vidas novelescas, con hazañas dignas de un cantar de gesta, con el fin de hacerse notar ante una madre que nunca la miró. **Muchas habrán jugado a ser la muchacha perfecta para sentirse por fin amadas.** Cuántas habrán buscado también en amistades femeninas sanar la herida no cerrada de una carencia afectiva. Por tanto, lo importante es expresar cara a cara el resentimiento, puesto que se trata de la primera etapa de una liberación interior que irá seguida del posterior análisis del pasado vivido. Más tarde será imprescindible concienciarse de que una madre abandonadora no lo fue forzosamente por falta de amor, sino a veces como reacción o reproducción de un modelo. Al final del camino, **el aprendizaje del perdón,** siempre y cuando sea posible, permitirá estar en paz con una misma para, de este modo, evolucionar en el camino de la vida. **Estas etapas de transformación podrán hacerse en el marco de un acompañamiento terapéutico.**

Hay que investigar sobre «la historia de mujer» de la madre y crear...

Comprender que una madre también tiene en su equipaje una historia de mujer con sufrimiento ayudará a encaminarse hacia el perdón, cuando sea posible, para poder volverse a poner en movimiento, es decir, se tratará de investigar, con un apoyo terapéutico que permitirá acompañar, reparar y curar las heridas del corazón. **Conviene comprender y aprender a aceptar, después de la liberación de las emociones, que algunas madres «abandonadoras» sólo han actuado de manera inconsciente como una reacción**, que es evitar reproducir en su hija el esquema de una madre obstruidora e invasora. Y precisamente todo ello puede hacer que la progenitora no se ocupe de su propia hija para evitarle este sufrimiento que todavía no ha superado ella misma. **Del mismo modo, haber tenido el sentimiento de ser abandonada a nivel emocional puede conducir a reproducir el esquema, puesto que es la única manera de desarrollarse que le habrá transmitido la madre. La ausencia física debida a la muerte también puede haber generado este sentimiento de abandono.** La lectura de la novela *Al faro*, de Virginia Woolf, nos aporta luz y presenta una dimensión autobiográfica de esta autora, cuya madre murió cuando ella contaba trece años. Virginia vivió en un ambiente de violencia incestuosa, entre las garras de su hermanastro Georges y de su tiránico padre. En esta novela, que la autora escribió cuando tenía cuarenta y tres años, un personaje, Lily Briscoe, se vuelve hacia su pasado. En Escocia, en la residencia vacacional abandonada, resurge el personaje muerto de una madre idealizada, que es la imagen de la propia madre de Virginia, que no pudo solventar el luto. Se sabe que la autora se suicidó en 1941, devorada por una historia familiar que la carcomía. Se puede pensar que su bisexualidad, su relación con Vita Sackville fueron, en parte, un aplazamiento emocional derivado de la muerte de la madre. **En cualquier caso, avanzamos que atreverse a crear, artística y literariamente, puede resultar muy valioso para ayudar a reparar el abismal dolor afectivo surgido del sentimiento de abandono materno. En este sentido, escribir un texto autobiográfico,** como el diario íntimo, el relato personal, o bien asistir a talleres de escritura o de pintura son unas herramientas ideales para aprender a encontrar «las palabras con las que expresar su sentimiento», o las formas y los colores, para poder manifestar el sufrimiento. **Del mismo modo, la práctica del teatro permite, al posibilitar la implicación en la psicología del papel que se va a interpretar, expresar emociones y afectos que remiten a una misma.** Esto posibilita transformarnos en nuestro propio interior. Con la práctica del teatro, son las palabras pronunciadas, y también el cuerpo, con los gestos, la mímica y los movimientos, los que podrán exteriorizar el dolor. Finalmente, también debe tenerse en cuenta la música. Pensemos que los divorcios, cuando una madre abandona a su hija a nivel emocional, pueden tener consecuencias dolorosas. También aquí el apoyo terapéutico y la creación literaria son posibles vías de reparación. Recordemos la novela *Infancia,* de Nathalie Sarraute, en la que Natacha vive en la carencia emocional fruto de una madre infantil. Regresa a París después de separarse de su madre y no es bien recibida por Véra, que vive con su padre, y que le habría podido ofrecer un afecto de sustitución. Por lo que se refiere a su madre, Natacha afirma: «No me exigió nada, ni una mirada para saber si escuchaba atentamente, si entendía»; sin embargo, declara que es el único juez («yo, el único juez») en lo relativo a la responsabilidad de la madre con respecto a su propio sufrimiento emocional. ¿Se trata de seguirle siendo fiel psicológicamente, de no liberarse no acusándola, puesto que la falta habrá sido demasiado fuerte? **La escritura puede, en cualquier caso, ofrecer** un medio para apropiarse de nuevo de su propia historia, para investigar sobre la de su madre, para ayudar a transformar el dolor interior y también alejarlo, así como para evitar que nos haga daño. Pensemos también en la práctica de la música y del canto reparador, que, simbólicamente, nos vuelve a conectar con nuestra madre. Se trata de **encontrar, por la voz, por las notas producidas, el ritmo de las pulsaciones del corazón materno.** Escuchemos las palabras de Eva:

Siempre he tenido el sentimiento de que mi madre no me quería, que no estaba nunca presente a nivel psicológico, que nunca estaba disponible para mí. Actuaba de manera mecánica y por deber. Era muy fría y no me mostraba ternura. Asimismo, se ausentaba a menudo del domicilio. Se volcaba en su trabajo y hacía gala de una energía increíble para realizar sus proyectos personales. Estaba en todas partes, pero nunca para mí. No tenía tiempo ni tan siquiera de mirarme ni de mostrarme un sentimiento de afecto. No fui consciente de mi sufrimiento emocional. Lo expresé a través de la bulimia y lanzándome muy pronto a los brazos de un muchacho, con el que muy pronto me fui a vivir. Nos consolamos el uno al otro, ya que él había perdido a su padre cuando contaba diez años. Sólo cuando nació nuestro bebé sufrí una depresión que me llevó a la consulta del terapeuta. Tuve que ser consciente de este sentimiento de abandono que viví durante la infancia. Derramé muchas lágrimas, después mostré mi cólera y expresé mis resentimientos de tal manera que consideré necesario hablar de todo esto con mi madre, que aceptó escucharme. Mi trabajo conmigo misma me permitió examinar el pasado de mi madre como mujer. Fui consciente de que ella había vivido con una madre que la había abandonado y que había querido existir a sus ojos desplazando montañas. Además, con mi padre formaba una pareja que no se basada en el amor, con lo que acabé enterándome de que en su juventud no se había podido casar con el hombre a quien amaba. Fue necesario remontarse a los inicios para comprender y acabar perdonando después de todo este trabajo de reparación.

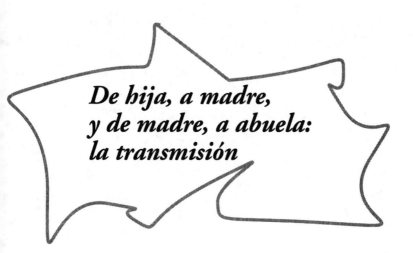

De hija, a madre,
y de madre, a abuela:
la transmisión

Convertirse en madre después de tu madre

Ser madre por elección y no por ceguera

Digamos, para retomar las palabras humorísticas de Naouri, que el «embarazo», «el más poderoso de los seguros de vida», es el «inicio del fantasma de la propia inmortalidad». Es importante ser consciente de que la maternidad no hace más que ubicar en el mundo a otro ser diferente. Si se trata de una niña, la tarea residirá en no reflejarse en esta cara que no es la nuestra, sino otra diferente. **Es necesario, pues, pensar que una madre no se prolonga a través de su hija. Tan sólo de este modo podrá ser ella misma.** Es un trabajo que debe realizarse día tras día. Esta voluntad de transmitir la vida revela el instinto de reproducción de la especie, y es más fuerte que nosotros. Y, con todo, Simone de Beauvoir avanzará que una «no nace madre», sino que «se hace madre». Tal y como ya se ha dicho al inicio de esta obra, se trata de una enseñanza que ha pasado a través de los siglos y que aún traspasa «el inconsciente colectivo» femenino. La mujer estuvo comprometida durante mucho tiempo para reproducir el modelo de la mujer casada que es madre sin siquiera tener que preguntarse si eso era lo que deseaba, ya que todo a nivel social estaba dispuesto para que reprodujera este esquema, que garantizaba la continuidad y el orden social. En la actualidad, cada una sería teóricamente libre de postergar o no la maternidad, recurriendo a los métodos anticonceptivos. **Para que esta elección sea lo más libre posible, es necesario que el deseo de un hijo no se base en una compensación, que no sea el resultado de una influencia familiar o de una clonación.** Una madre descontenta de sí misma puede, si no es consciente de sus frustraciones, conducir a su hija a reproducir el esquema. Del mismo modo, la joven que desea convertirse en madre debe reflexionar sobre lo que ya conoce por sí misma como individuo. Tiene que desarrollarse como persona (estudios, elección profesional, ser ella misma, relación con los otros) y no lanzarse desesperadamente hacia la maternidad. En tiempos de dificultades económicas, de desempleo, puede ser muy grande la tentación de tener un hijo. Atrevámonos a hacer algunas observaciones para hacer reflexionar a las mujeres que desean ser madres, y a las que viven con dificultad su relación madre-hija, aunque, si hacemos caso a Freud, ningún padre es ideal…

- Parir no es hacer un regalo a la madre.
- Dar a luz a una niña no sustituye el propio desarrollo.
- Desear tener un niño surge de un deseo compartido en una pareja basada en el amor.
- Parir a una niña implica dejar que el padre desempeñe su papel para evitar la fusión.
- Desear a una niña más que a un niño puede mostrar la necesidad reprimida de reparación de una misma.
- Educar a una niña no tiene el papel de reparación de la madre.
- Parir no implica existir uno mismo.

- Dar a luz a una niña supone acompañarla como si fuéramos tutores.
- Pasar a la hija las insatisfacciones de la madre o sus dificultades de pareja equivaldría a tomarla como rehén.
- Dar a luz no es más que una realización entre otras para no vivir a través de la hija y lastrarla con su sufrimiento.
- Una muchacha no es la imagen, el reflejo, el espejo de una misma.
- Parir a una hija no te hace inmortal: es un fantasma que se debe eliminar.

Escuchemos las palabras de Isabelle, que explican cómo escapó poco a poco de los brazos de su madre, que le impidieron ver claramente cuáles eran sus deseos, precipitándola en la maternidad, para existir como clon de su madre y de su medio:

Desde muy pronto deseé un bebé. Quería una niña. Es necesario decir que mis relaciones con mi madre eran muy absorbentes. Siempre pensé que eran las mejores del mundo, porque nos entendíamos de maravilla. Cabe decir que fue mi modelo: la encontraba hermosa, solícita, complaciente y atenta. Había renunciado a trabajar, decía, para ocuparse plenamente de sus hijos, y siempre afirmaba que se había sentido satisfecha con los embarazos. En nuestra familia, las figuras más fuertes eran las mujeres. Mi abuela también era una mujer de fuerte personalidad, con quien mi madre mantenía una relación de gran proximidad. Sólo más tarde, después del nacimiento de mi tercer hijo, esta vez un varón después de dos niñas, comencé a plantearme preguntas. En efecto, mi esposo no deseaba que tuviéramos un cuarto hijo. Fui consciente, a medida que crecían mis hijos, de que me estaba pasando algo distinto, hasta el punto de que empecé a tener repetidas crisis de angustia. Entonces consulté con un psicoterapeuta, y comencé la lenta aventura de mi investigación sobre mi vida pasada, de niña y adolescente. Fui consciente de que había caído en la trampa

97

de una relación demasiado intensa con mi madre, de la que dependía de tal modo psíquicamente que no había podido preguntarme sobre mis verdaderos deseos. Además, todo en nuestro medio social me ofrecía el mismo modelo de realización. Las parejas que frecuentaban mis padres se parecían en cuanto a sus elecciones y sus valores. Poco a poco me fui dando cuenta de mis sentimientos negativos, mi cólera y mi resentimiento, y tuve la necesidad de expresarlos ante mi madre. Esto me permitió desarrollar otra cosa y, tras un período de formación, comencé a ganarme la vida. Mis relaciones con mis hijos tomaron otro cariz. He aprendido a no vivir más a través de mis hijas, a escuchar para ayudarlas a evolucionar.

Salir de los dolorosos fracasos de un embarazo no conseguido

Las mujeres que desean tener un hijo, pero que no lo consiguen sufren en silencio. Remueven cielo y tierra, acuden a los médicos, y todavía lo desean más. Se envuelven de sufrimiento y de una obsesión sin límites. Ciertamente, ante este tipo de mujeres que no pueden quedarse embarazadas, los médicos argumentarán que es posible salir de esta situación. La edad, por regla general, va a reducir la fecundidad. Junto a los argumentos científicos y racionales pertinentes, centremos nuestra mirada en el interior.

Salir del ciclo de un embarazo fallido

¿Qué se encuentra soterrado en el inconsciente, que habla, en estos fracasos de embarazo, de la relación madre-hija? Pensemos que cada mujer que ve crecer en su interior el deseo de tener un hijo va a verse ejerciendo el papel de lo que fue su vínculo con su madre, y quizá la forma en que ésta vivió ese

deseo. Esto funciona como una caja de resonancia. Ésta es la razón por la que es importante ser consciente, ya que nos permite librarnos de un peso, de un dolor que nos pertenece. **Es necesario, pues, desprenderse de la historia, a veces pesada, que su propia madre tuvo con su deseo o no de tener hijos.** Todo sucede como si la memoria inconsciente se empapara, como si se tratara de una esponja, de la historia de la madre. **Se trata de desvelar los secretos de ser un hijo no deseado, ilegítimo, de un posible aborto, interrupción de embarazo o incluso una supuesta adopción,** que abren un interrogante sobre las razones del abandono. ¿Cómo se puede traer hijos al mundo con estas historias misteriosas e invisibles que impregnan lo más profundo de la relación familiar? Una hija que fue separada de la madre por una razón u otra, que fue dada en adopción, o que ha venido inesperadamente después de un primer embarazo fallido (falso embarazo, aborto) puede hacer revivir, hasta cierto punto, esta historia del fracaso materno. **Si la madre no pudo vivir el luto tras su dificultad, podrá repetirse la historia en una cadena de transmisión cada vez más invisible.** Una muchacha adoptada que no puede tener hijos deberá comprender que es posible que tenga miedo a reproducir, de forma inconsciente, la única cosa que le transmitió su madre: el abandono. Y, para evitar tener que revivir la misma historia, conocerá la infertilidad. Para salir de esta situación, deberá hacer frente a los sentimientos negativos dirigidos hacia su progenitora, dejar que aparezca la cólera y el resentimiento, y después aprender a pensar que el abandono no fue inevitablemente sinónimo de falta de amor, y avanzar sobre la ruta del perdón: éste será el camino psíquico que tendrá que recorrer para acabar con la infertilidad.

En otras palabras, la percepción no verbalizada de no haber sido deseada por su madre puede conducir a que falle su propio proyecto de embarazo. Para que aparezca la fecun-

didad, será necesario concienciarse psíquicamente, expresar sus emociones y aceptar lo que es. En última instancia, podemos pensar en los escritos de Marie Cardinal, en ese relato estremecedor de *Las Palabras para decirlo*, donde una madre explica a su hija todo lo que pudo hacer para abortar… Acordémonos también de *Détruire dit-elle*, de Marguerite Duras. **Asimismo, otras historias maternas dolorosas pueden ser la causa de esta dificultad de** procrear: haber nacido tras un hijo muerto, deseo de la madre de dar a luz a un niño y no a una niña, haber sido separada de la madre por razones múltiples, entre las que se encuentran la enfermedad o una madre que ha estado a menudo ausente del hogar… Son muchos los motivos por los que la muchacha puede sentirse no deseada, rechazada. Para ella es completamente insoportable. **¿Cómo se puede, por tanto, desear un hijo, si se está impregnada hasta el tuétano con la idea de que su propia madre no la habría deseado?** Reflexionemos sobre el testimonio de Vanessa:

Me llevó mucho tiempo tener un hijo, que fue muy deseado, al menos conscientemente. Pasaron muchos años hasta que di a luz a una niña. Estaba tan obsesionada con tener un niño que incluso padecí una depresión y no dormía casi nada. Entonces empecé a comprender lo que me pasaba y comencé con la psicoterapia. Durante la investigación sobre mi pasado, llegué a la historia de mi propia madre. Cuando era pequeña me había dicho que le hubiera gustado tener un hijo varón. En realidad, sólo consiguió tener tres hijas. No me había dado cuenta de que había interiorizado estas palabras. En las sesiones fui consciente de que, para agradar a mi madre, había hecho todo lo que había podido durante mucho tiempo a través de mi comportamiento, de mi vestimenta o del ocio para asemejarme a este muchacho que habría respondido al deseo de mi madre. Afortunadamente, mi padre permaneció en su lugar. Después de varios años de tonteo amoroso me casé. Pasaron cinco años para que pudiera quedarme embarazada: el tiempo que me llevó remontarme a mi historia de niña que no se había sentido querida como tal por su madre, y comprender lo que supuso para ella este deseo de tener un niño. Conseguí aceptar, expresar mis sentimientos y luego perdonar. Y de pronto me quedé embarazada... de un niño.

De algún modo, Vanessa había conseguido, una generación más tarde, el deseo de su madre...

Poner a la madre en el lugar que le corresponde o intentar ajustar las cuentas...

Una mujer deseosa de tener un hijo puede considerar este momento como una especie de trampolín hacia una transformación de su relación con su madre. **Éste puede ser el momento propicio para empezar de nuevo e intentar mitigar las cosas, mientras aún sea posible.** En efecto, justo en el momento del nacimiento del bebé, es cuando resurge la historia de una hija y de su madre. Y es entonces cuando se debe intentar superar las dificultades, algo que no resulta fácil, ya que la mujer que alberga en su seno una vida tiene la sensibilidad a flor de piel. **Lo ideal es poder hablar, dialogar.** En este sentido, una muchacha que ha vivido una relación conflictiva deberá, para aligerarse, en parte, de su pasado, poder conversar con su madre. Lo importante, finalmente, es lo que se experimentó, percibió y comprendió, y qué debe decirse para poder liberarse y establecer una buena relación. Expresar emociones negativas, cara a cara, es una manera de intentar deshacerse de un vínculo de fusión que habrá desembocado en una dependencia psíquica de la cual es necesario ser consciente para poder liberarse de ella. Este vínculo de fascinación-odio puede, cuando no se es consciente, explicar también algunos fracasos a la hora de quedarse embarazada: no concebir es la mejor manera de evitar soportar lo que fue insoportable. Si una madre, como si se tratara de una araña, intentó dominar a la hija, ésta podrá evitar el embarazo, para, a su vez, impedir reproducir sobre su hijo esta forma de maltrato emocional que es este amor pegajoso, esta posesión interesada. Si es posible, le corresponderá también a una madre demasiado acaparadora admitir, delante de su hija, que pudo cometer errores. **Cada una, a través de esta aceptación de lo que fue el pasado hará que salgan al exterior los resentimientos, las equivocaciones y las incomprensiones, lo que contribuirá a ajustar las cuentas con el pasado.** Si, en algunos casos, la reconciliación es imposible, el hecho de tomar la iniciativa de conversar nos aproxima a la liberación. La psicoterapia será esencial para una mujer cuyo proyecto sea tener hijos y reparar su doloroso pasado. Le permitirá prepararse para abrirse en la relación con su madre. **Esta situación pasará a veces por momentos difíciles, como cuando se liberan los sentimientos en un tiempo de silencio o de transformación de las prácticas de vida,** como verse menos o no verse durante un determinado período de tiempo. Se sabe que del caos puede surgir un nuevo mundo. Hay que encontrar las palabras justas para comunicarse. Por tanto, la hija tendrá que estar preparada para esta cita constructiva, incluso aunque pase por un momento difícil, ya que gracias a ello podrá conseguir madurez y autonomía. **En el momento de tener un embarazo deseado, es importantísimo poder volver a poner a su madre en un lugar más justo, en una relación más equilibrada, de adulto a adulto: una maternidad deseada debe ofrecer esta oportunidad de desprenderse del pasado.** Sería una pena vivir lo que Colette conoció en su propia persona: sólo pudo quedarse embarazada después de la muerte de su propia madre, que inmortalizó en Sido… Se sabe, por otra parte, que el escritor vivió una fuerte relación con esta madre adulada. Veamos las palabras de Marie, que vio cómo revivía su sufrimiento de niña dependiente de una madre «abandonadora». Su evolución, tras el nacimiento de su hija, pasa por un despertar de los sufrimientos antiguos no cicatrizados, y es edificante:

Durante mucho tiempo fui tras el reconocimiento de mi madre sin saberlo. En mi adolescencia, y más tarde en mi vida como una joven, intenté que me viera a través de todo lo que hacía y que ella no observaba. Miraba el mundo de una manera distinta a como lo hacía yo. Para ser sinceros, siempre había tenido la sensación de que éramos dos extrañas. Cuando era pequeña la veía poco, ya que siempre estaba ocupada en otra cosa, como si no me viera. Su voz, sus gestos, sus palabras nunca iban verdaderamente dirigidos a mí. Tardé tiempo en comprender que había mendigado su afecto. En la adolescencia, entré en conflicto, ya que deseaba vivir otra cosa distinta a lo que se me indicaba, que era un poco tradicional: tendría que haber estudiado poco, encontrar a un agradable marido y tener rápidamente hijos. Pero expresé otro deseo, ser reportera fotográfica. Recorrí gran parte del planeta hasta los cuarenta años, momento en que tuve el deseo de tener un hijo con mi compañero. En ese momento se despertó todo. Dos años después del nacimiento de mi hija ya no dormía y tuve una depresión. En realidad, tenía dificultades para situarme en mi papel de madre. Consulté con un psicoterapeuta, que me permitió ver claramente mi dependencia psíquica frente a mi madre, ante quien había hecho de todo para destacar, aunque en vano. Tras trabajar en mi culpabilidad, conseguí sacar a la luz mi pena y mi cólera contenida, hasta el punto que experimenté la necesidad de enfrentarme a mi madre. Debía manifestarle mis sentimientos, regresar al pasado. Fue duro, pero nuestro ajuste de cuentas desembocó, más tarde, en unas relaciones más pacíficas. Nació una complicidad en el punto intermedio. Yo no exigía nada más, me había liberado, y al repararme a través del trabajo psicoterapéutico, pude encontrar mi lugar para con mi hija y actuar en la vida no para hacer complacer a mi madre, sino para escuchar mis deseos.

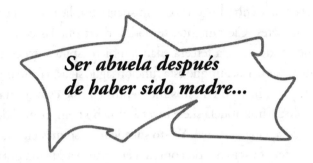

Ser abuela después de haber sido madre...

Aceptar el lugar de abuela, permaneciendo donde corresponde

Ser abuela cuando la hija se convierte en madre pone las cosas en su lugar. En efecto, vuelven a cuestionarse los fundamentos sobre los cuales se construyó el vínculo madre-hija. Pensemos en George Sand, que había tenido con su hija Solange unas relaciones nada satisfactorias. Como, según su parecer, la relación de su hija con Clésinger es conflictiva, se ofrece como tutora de su nieta, lo que crea más discordia en la pareja, ya que el padre tiene dificultades para aceptar lo que ocurre. La historia termina mal, ya que la pequeña muere, y la escritora culpará a su yerno hasta el punto de considerarlo casi responsable de esta muerte. **Es importante que la abuela no sustituya a la madre, ni que ocupe su lugar. Su función no es, pues, educar,** excepto en algunos casos de fuerza mayor. Recordemos que la abuela, para permanecer en su lugar, también debe aceptar a su yerno como objeto del deseo de su hija y, en consecuencia, de su hijo.

Mi corazón se encuentra entre ser uno mismo y ser abuela…

Obviamente ya no estamos en el siglo XIX, una época en la que las relaciones entre los yernos y su suegra implicaban una riña entre mujeres. Ciertamente, se podría decir que las cosas han evolucionado, que la tercera edad también aspira a existir más allá de ser abuelos, aunque esta función sigue siendo fundamental. A veces, incluso en estos momentos en que es importante «realizarse», una abuela suele invertir mucho tiempo en el desarrollo de su vida personal. **Y esto sucede incluso más en cuanto se debe ser consciente:** descontenta en cuanto a su vida pasada, una primera solución consistirá en abandonar su función de abuela para convertirse en la «abandonadora» de su nieto o su nieta para consagrarse a ella misma. Incluso a veces no soporta que la llamen abuela, y tampoco su edad en una sociedad que se lucra con este tema. **En realidad, aceptar que el tiempo pasa y asumir su nuevo lugar equivale a haberse realizado ya ella misma.** Y ya se sabe que bajo la angustia de la vejez también se halla el miedo a la muerte. Recordemos al poeta Ronsard que, con un sabor amargo, recordaba a las mujeres: «Cuando seas vieja, a la luz de la vela, / sentada cerca del fuego, vacilando y fugaz,/ dirás, cantando mis versos, maravillándole: /"Ronsard celebraba el tiempo en que yo era bella!"». En ese caso, la relación con su hija también corre el riesgo de fracasar. Recordemos que esta maternidad puede permitir a la una y a la otra aprovechar una oportunidad para el acercamiento, intentando afrontar las dificultades del pasado. **También es posible vivir como abuela sin olvidarse, y consagrarse a sus nietos proporcionando, al mismo tiempo, un espacio para su propia persona y su pareja.** Es un equilibrio que debe construirse en la medida de lo posible.

Hay que recuperar el tiempo perdido (algo que hasta cierto punto es imposible). Se trata de ser consciente de que nuestra hija necesita ese lazo de transmisión que crea una especie de cadena generacional. No ocuparnos de los nietos por desear hacer de la etapa final de nuestras vidas un momento para el autodesarrollo es una manera de abandonar a nuestra hija a través de su hijo. No hay que olvidar que **si existe una ruptura con una madre y su joven hija que ha dado a luz, esta última puede sufrir depresión. La presencia afectiva, la disponibilidad discreta, el apoyo y los consejos que no pretenden inmiscuirse son, pues, necesarios.** Ser abuela no constituye ninguna amenaza para el ser y, según las estadísticas, es cierto que muchas abuelas consideran prioritarios a sus nietos. Todo consiste en ser una abuela aceptable.

En última instancia, la abuela pulpo produce daños

En el extremo contrario encontramos a la abuela pulpo, que reina vestida de negro o rodeada de sus hijas clonadas o sin ansias de luchar, como en los retratos de las familias de antaño. Ciertamente han cambiado de aspecto, pero en muchas ocasiones, como se dice, «el hábito no hace al monje». Se trata de unas abuelas veneno y metomentodo, dispuestas a sacrificarse en cuerpo y alma para ocupar todo el lugar (y sobre todo para quitárselo al yerno) para cuidar de sus nietos y, a través de ellos, de su hija, para tenerla para ella sola. Su estrategia es la de la inversión excesiva: a menudo suelen hacer gala de caras y palabras dulces, y, con cierta frecuencia, suelen disfrazarse de cualquier cosa para alcanzar su fin. Su táctica puede ser maquiavélica, ya que intentará dividir para vencer y, sobre todo, tratará de avivar, mediante alusiones dulzonas y consejos malintencionados, las peleas entre su hija y su esposo. Es algo semejante a lo que ocurre en *Genitrix,* para volver a la novela de Mauriac, aunque con la diferencia de que en el juego de masacrar no es al hijo y a la nuera a los que se devora, sino que, muy educadamente, se pone en la picota al yerno, puesto que es él quien impide que la madre esté bien con su hija. Estas abuelas se hacen tan indispensables que las necesitamos continuamente, aunque hablemos mal de ellas. Apostaron muy pronto por la clonación, algo que se inició con el nacimiento de su hija y que puede prolongarse durante toda la vida, pues lo que importa es no destetarla: **siempre hacen más de lo necesario**, se ocupan de todo.

Convertirse en una «abuela aceptable»

A medio camino entre la madre y el nieto…

También existen las abuelas que han aceptado el devenir. Se trata de aquellas que han desarrollado una vida equilibrada como mujeres y como madres. Hay algunas a las que les habrá sido de ayuda una historia familiar sin demasiados nudos, gritos y enfados, y otras que, gracias a su fuerza vital, habrán conseguido liberarse de los brazos asfixiantes de una madre para poder ser una mujer libre. La resiliencia tiene cosas buenas. Sean cuales sean estas chicas valientes convertidas en mujeres autónomas psíquicamente, han podido ver sus deseos personales realizados. **Atrevámonos a decir que somos las abuelas que ha preparado toda una vida,** tal y como Sartre decía que somos responsables de nuestra vida a partir de los 40 años. Las abuelas posteriores a la generación del 68, cuya salud y aspecto están en alza, a menudo han tenido el viento a su favor. Si han logrado desarrollar su persona con más libertad, también tienen ganas de echar una mano a sus nietos. **El ideal es ofrecer a la nieta un modelo de mujer que ha triunfado, conciliando maternidad, feminidad y vida profesional y personal.**

¿Cuál sería, pues, la misión de una abuela? Tendría que ser una verdadera memoria ambulante que sitúa al niño en el seno de un linaje, dándole pautas generacionales: ella es la intersección exacta entre su hija y su nieta. Gracias a su presencia afectiva, esta niña puede construir una especie de identidad generacional. Puede decirle con palabras que es la hija de su madre y que ella es la madre de su madre. Le permite situarse en un marco generacional e identificar su lugar en el gran árbol genealógico. De este modo, la niña, a partir de su presente, estará vinculada al pasado y podrá construirse un futuro como si se tratara de los cimientos de una casa. De todos modos, desde el nacimiento, debe marcar a su nieta con su presencia sensorial: sabemos que el recién nacido reconoce a su abuela por el sonido de su voz, ya que le murmura palabras suaves en sus oídos, así como por el olor de su cuerpo, un receptáculo donde en el pasado estuvo el pequeño cuerpo de su madre. También tiene el importante papel de la transmisión de una memoria familiar: le toca enseñar a sus nietos álbumes de fotografías en los que aparecen su madre, su padre, su abuela y otros primos y primas, con humor tierno y palabras que hacen resurgir el pasado. Sí, la madre que se ha convertido en abuela aceptará ir más lentamente, tomarse el tiempo necesario para explicar, jugar, reír, cantar, descubrir la pintura y acudir a conciertos y espectáculos. Hoy en día, las abuelas suelen estar en forma, practican deporte, van en bicicleta y son divertidas. Y es mejor que sea así. Abrirá las puertas del ser, de aquello que no se compra en ningún lugar de la sociedad mercantilista. Mostrará el camino de otra cosa, el camino del ser, que es tan precioso, para aprender a ser feliz… Estará disponible, será cariñosa, sabrá escuchar, será discreta y construirá una complicidad no intrusiva. También podrá transmitir una memoria colectiva; recordará, por ejemplo, a su nieta adolescente cómo lucharon las mujeres para poder tener un destino singular, elegir su vida, y que estas conquistas no están adquiridas, sino que es necesario seguir estando alerta, y «no ceder a su deseo», como habría dicho Lacan. Hay que ser capaz de gozar de la vida y construirse el propio destino.

Ellas no son tan sólo abuelas, ni tampoco habrán sido sólo madres, sino que habrán intentado vivir como mujeres anhelantes. Quizá sea éste el regalo más bonito que pueda hacer a su nieta.

Hay que ser abuela sin sustituir a la madre

Según Françoise Dolto, una abuela debe «estar presente cuando se la necesita, y no estarlo cuando no se necesita». **Es decir, que su papel no es criar al niño en lugar de la madre.** En cambio, sí debe mostrarse disponible, abierta y acogedora, y no se impondrá en cuanto a la dirección que debe darse a la educación, a los valores que deben transmitirse. Eso podría constituir una fuente de discordia en la pareja que su hija forma con su yerno. **Toda tentativa de tomar el poder en cuanto a educación, si no se le solicitó, revela injerencia.** Es el caso de las madres abusivas, que serán abuelas posesivas, haciendo de sus nietos, como de su propia hija, objetos de compensación. **Se sabe que hoy, numerosos abuelos ayudan a las madres que trabajan a ocuparse de los niños de escasa edad. Sin embargo, ayudar no quiere decir sustituir a la madre o al padre.** Es necesario, obviamente, ser conscientes de que deben respetarse las consignas educativas de los padres. Una abuela a la que se le ha confiado esta función, que va más allá de su papel, deberá duplicar la vigilancia: no deberá intentar «usurpar el trono» a los padres. **No respetar las elecciones educativas de su hija y su yerno comprometería el desa-**

rrollo del buen equilibrio del niño. Sólo en caso de necesidad y de demanda expresa de la pareja podrá intervenir en paralelo. Aquí está claro que, además de su papel como abuela cómplice, juguetona y afectuosa, debe hacer que el niño respete los códigos de la vida social, de la guardería y de la escuela. Ésta puede ser la ocasión de acercarse a su hija, siempre y cuando no trate de imponerse, pero sí desee transmitir los gestos y las palabras de la maternidad experimentada. Todo ello debe desarrollarse de manera fluida, tomando distancia, con humor y discreción.

Ser estable ante los nuevos modelos de familia

Numerosas abuelas actuales son conscientes de la realidad de familias rotas en las que tienen que tomar partido. Los nietos que tengan que vivir con un padrastro o una madrastra podrán encontrar en su abuela una mano que les resulta familiar, así como una presencia fuerte y afectuosa. Ciertamente, la madrastra que decide, como si se tratara de un terrible ogro, tirar al fuego a su hijastra, a la que odia, pertenece al mundo de los cuentos. Pero, sin embargo, la relación que existe entre la madrastra y la hija de un hombre divorciado dista mucho de ser sencilla: **cada una debe aprender a aceptarse**, y todo se complica cuando la niña es manipulada por la madre, que no aceptó el divorcio. No se repetirá nunca bastante que la madrastra no debe querer ocupar el lugar de la madre, y que deberá demostrar flexibilidad y paciencia, sabiendo que el rechazo no es nada personal. Deberá ofrecer otra cosa, afecto, pero no debe pretender entrar en competencia con la madre, aunque ésta proyecte sus sufrimientos a través de la persona que está en medio. **No deberá juzgar nunca a la madre de la niña, aunque proyecte su malestar y haga de la hija su**

111

portavoz y su instrumento de venganza. La suavidad y la neutralidad serán las mejores herramientas. Convendrá, eso sí, no aceptar la falta de respeto y poner límites. **La constancia, el tiempo y la paciencia serán aliados,** y el padre no deberá renunciar a vivir con su hija lo que le está permitido, ya que, de otro modo, se sentiría abandonada, aunque parezca hostil. Se habrá advertido que el papel de la abuela en estas situaciones de familia recompuesta es más que preciosa. **Obviamente, el peligro para la abuela sería tomar partido en caso de divorcio difícil, y manipular a los niños criticando al padre o a la madre que pidió el divorcio.** De hecho, las madrastras conocen la realidad de las desuniones, ya que algunas de ellas ya vivieron esta situación. **Sin embargo, cuando una pareja que no lo es más decide separarse, la tentación para una abuela posesiva puede no tener límites.** La ausencia de neutralidad y el hecho de tomar partido pueden ser una manera de ajustar viejas cuentas con el yerno o la nuera. Son entonces los nietos los que acaban pagando los platos rotos, ya que todavía deben solventar el luto por la primera familia que formaron su madre y su padre, que ahora están separados. No deben alejarse de uno de los dos padres. La abuela tendrá, pues, una misión en extremo preciosa: ayudar a que estos niños superen la situación, explicándoles que su padre y su madre siempre los querrán. La abuela, como un sólido pilar, mantiene el hilo de la filiación. **Debe pacificar y aliviar a través de una presencia afectuosa y discreta. Podrá ofrecerse a escuchar las confidencias de sus nietos sin juzgar ni denunciar.** Tomar partido por uno de los dos padres demostraría instrumentalización. **En efecto, no se trata de ajustar sus cuentas con un yerno o una nuera por el niño que se encuentra en medio.** Su papel será también, en caso de fallecimiento de la madre o el padre, no ocupar su lugar, sino aportar su afecto y su apoyo para acompañar al niño, que se encuentra en una situación «de abandono». También deberá tener la lucidez de cultivar la neutralidad y no criticar a este familiar que hace sufrir a sus nietos, y también a su propia hija o a su propio hijo. **Es grande la tentación, por desasosiego y dolor personal, de ceder a la crítica, que se volvería contra los hijos de la pareja separada.** Es decir, la abuela deberá, a pesar de las emociones negativas experimentadas (cólera, resentimiento, pena), no proyectarlas, y no hacer de sus nietos el instrumento de una «venganza» personal. Podrá pedir ayuda, si fuese necesario, a un psicoterapeuta, con el fin de permanecer en el lugar justo. Como persona fundamental del «eterno retorno», **debe personificar la constancia, tranquila y suave, ofreciéndose como un interlocutor afectuoso, que mantiene y nutre el vínculo.** Las palabras de Armelle son interesantes en este sentido:

Cuando mis padres se divorciaron, recuerdo haberme sentido muy cercana a mi abuela materna, que supo acompañarme mientras que mi vida cambiaba. Siempre fue discreta, nunca juzgó a mi madre, su propia hija, que había pedido el divorcio. Como mi padre vivió mal esta situación, intentaba volverme contra mi madre, con quien yo vivía, pero mi abuela supo ayudarme a tomar distancia, a no sentirme rasgada entre mis dos progenitores. Me ayudó a tener confianza y a comprender que no tenía que elegir entre uno de los dos. Su presencia, la constancia de su afecto, su disponibilidad y su neutralidad me ayudaron a avanzar, a situar las cosas en su lugar. Seguí viendo a mi padre sin entrar en su juego, y encontré mi lugar en la nueva pareja que formaban mi madre y su compañero. Es necesario decir que mi abuela era una mujer que tenía una gran libertad interior, tolerancia, flexibilidad y discreción. Había tenido una vida plena, no solamente como madre, sino también como mujer y como persona curiosa y comprometida. El hecho de convertirse en abuela no le había privado del deseo de seguir existiendo por sí misma, en sus actividades, y con sus amigos.

113

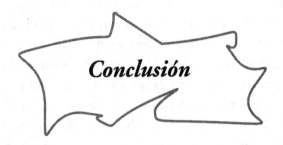

Conclusión

Lo importante es una madre y una hija o una intensa e inaudita historia de una emoción sin nombre, una historia que es necesario poner en tela de juicio cada día para trabajarla, para que evolucione hacia la autonomía de la una y de la otra, porque la una no es la otra. Es necesario recordar que la connivencia, el acuerdo y la relación afectuosa no deben ser sinónimos de fusión. Tanto para la una como para la otra es peligroso demasiada complicidad, puesto que se traduce en la división de todo, lo que reduce la intimidad. Numerosos psicoanalistas han afirmado que se trata de una dependencia psíquica que genera violencia psicológica, donde el odio contenido va forjando su camino. Lo que está en juego es el aplastamiento de la muchacha por parte de la madre. El ideal que debe construirse es, pues, la mesura, el equilibrio o, lo que es lo mismo, una madre en el lugar justo, que no habrá pretendido repararse a través de su hija, que habrá sabido acompañarla como si se tratara de un tutor en una planta, ya que de este modo potenciará la bonita planta que está destinada a vivir su vida bajo el cielo y los colores que habrá elegido. Se trata de una madre que se ha ubicado en el lugar justo, pero que antes habrá sabido construir la seguridad interior de su hija, proporcionándole la dedicación incondicional de las primeras semanas; más tarde habrá dejado que también intervengan otras personas, como el padre o su sustituto. El hombre que una madre desea como mujer que es ayuda a la niña a construir su feminidad, es decir, una madre debe cultivar su propia feminidad, sentir y vivir su deseo como mujer. Aceptar la separación psíquica es esencial para toda madre deseosa de no perderse en los ojos de la hija del mismo sexo y no buscase a ella misma. Cada día habrá entendido que, si estaba disponible, sabiendo escuchar y siendo afectuosa, su hija podrá individualizarse, pero siempre que no la elabore ni la clone. La posesión es el antónimo del amor materno. Así pues, amar a su hija de manera desinteresada no es modelar, disponer de un vendaje para curar sus antiguas heridas emocionales o su mala relación con su esposo o su compañero. Pero, por otro lado, retirarse por miedo a invadir demasiado también desequilibraría la balanza de la relación. Una madre, pues, tampoco deberá hallarse a demasiada distancia por miedo a estar demasiado presente o a reproducir lo que la hizo sufrir en su infancia bajo la forma de una figura de madre asfixiante. Recordemos que una adolescente, aunque tiene que desmarcarse para tomar su propio vuelo, también debe poder contar con el apoyo de su madre, que debe estar abierta al diálogo, sin forzar la confianza, y que sabrá volver a cerrar las puertas de la intimidad.

Añadamos que una madre un poco lúcida, si quiere ayudar a su hija a abrirse y a crecer, debe ser consciente de que no puede hacerle cargar la cruz de sus propias dificultades de cuando era niña o de mujer no realizada. En caso contrario, su hija nunca florecerá. Será la enfermera, el servicio de urgencias, la médico de aquella que la engendró, con todo el resentimiento contenido burbujeando en el interior, y convirtiéndose en destructivo, o, lo que es lo mismo, no estaría en el lugar que le corresponde como hija. Haber ajustado cuentas con la propia infancia es el camino esencial para quien tiene el bonito proyecto de convertirse en madre y tener que acoger en sus brazos a una pequeña niña que no tendrá que ver con ella misma, y que no debe convertirse en la venganza por una vida desordenada. En cuanto a la muchacha que se encuentra en medio de una historia materna pesada que debe arrastrarse, tendrá que ser consciente de su resentimiento y expresar un día, ante su propia madre, sus quejas. Llegará el momento de comprender, con ayuda, lo que estaba en juego en el espejo donde una no es el reflejo de la otra. Hay que romper el círculo de fuego para evitar repetir una misma situación al ser madre. Y para poder ser una abuela en el justo lugar es necesario haber construido la separación psíquica con su propia hija. Es esencial poder decir: «Es mi hija, porque es ella, porque soy yo», para ver de un modo diferente las palabras del pensador Montaigne. Es decir, «somos dos personas singulares», y por ello podremos vivir una relación fuerte y auténtica en la que cada una conserva su propio jardín para cultivar su vida, teniendo el placer de celebrar las pequeñas trivialidades de la existencia para compartirlas. La muchacha sabrá también que puede contar con su madre y con su apoyo. Eso es todo. Todo un programa que supone, tanto para la una como para la otra, escucharse a una misma para eliminar del interior los dolores antiguos y los sentimientos de abandono, de inseguridad, o de fusión, puesto que amenazan e impiden cualquier relación equilibrada. Hay que compartir, pero no todo, ni toda la vida: para estar vivas una y otra en este dúo madre-hija, deben poder dar el paso a los otros. Se trata de un entrenamiento que debe realizarse día tras día.

Índice

Si lo desea puede enviarnos algún comentario sobre

LA RELACIÓN MADRE-HIJA

Esperamos que haya disfrutado con la lectura y que este libro ocupe un lugar especial en su biblioteca particular. Dado que nuestro principal objetivo es complacer a nuestros lectores, nos sería de gran utilidad recibir sus comentarios, enviando esta hoja por correo, fax o correo electrónico a:

EDICIONES OBELISCO
Pere IV 78, 3° 5ª
08005 Barcelona (ESPAÑA)
Fax: (34) 93-309-85-23
e-mail: comercial@edicionesobelisco.com

✍ Comentarios o sugerencias:

_____

_____

_____

✍ ¿Qué le ha llamado más la atención de este libro?

_____

_____

_____

✍ ¿Desea recibir un catálogo de nuestros libros? (Válido sólo para España.)
☐ SÍ   ☐ NO

✍ ¿Desea recibir nuestra agenda electrónica de actividades?
☐ SÍ   ☐ NO

Si desea recibir **NUESTRA AGENDA ELECTRÓNICA** de actividades con conferencias, talleres y eventos, además del boletín con las nuevas publicaciones, puede darse de alta automáticamente en nuestra web **www.edicionesobelisco.com** y facilitarnos sus datos en el apartado Suscríbase.

Nombre y apellidos:
Dirección:
Ciudad: Código Postal:
Provincia/estado: País:
Teléfono: E-mail:

¡Gracias por su tiempo y su colaboración!